EMILIE BARNES

5 Minuten mit der Bibel

FÜR FRAUEN

cap-books

Bestell-Nr.: 52 50471
ISBN 978-3-86773-298-7

FIVE MINUTES IN THE BIBEL FOR WOMEN
Copyright © 2015 Emilie Barnes
Published by Harvest House Publishers
Eugene, Oregon 97402
www.harvesthousepublishers.com

Deutsche Ausgabe mit freundlicher Genehmigung
Alle Rechte der deutschen Ausgabe vorbehalten
© 2018 cap-Verlag
Oberer Garten 8
D-72221 Haiterbach-Beihingen
07456-9393-0
info@cap-music.de
www.cap-books.de

Umschlaggestaltung: Olaf Johannson, spoon design
Satz: Nils Großbach
Übersetzung: Marita Wilczek
Printed in ČR

Bibelstellen, wenn nicht anders angegeben, nach der Neues Leben Übersetzung.
Neues Leben. Die Bibel © 2002 und 2006 SCM-Verlag GmbH & Co. KG, Witten.

Weitere Übersetzungen:
(LU): Lutherbibel, revidiert 2017, © 2016 Deutsche Bibelgesellschaft, Stuttgart
(ELB) : Revidierte Elberfelder Bibel © 1985/1991/2006 SCM-Verlag GmbH & Co. KG, Witten.

An sieben besonders geduldige Freundinnen.

Ihr habt mir ein Erbe großartiger Momente
in der Vergangenheit und in der Gegenwart bereitet,
und das werdet ihr ganz sicher auch in Zukunft tun.
Ihr seid Frauen, die mir einen echten Sinn im Leben geben.

Jenny Whitney
(meine Tochter)

Christine Ianni
(Jennys Tochter, meine erste Enkelin)

Emi Ianni
(Christines Tochter, meine erste Urenkelin)

Stephanie Barnes
(Ehefrau meines Sohnes Brad)

Erica Merrihew
(Ehefrau meines ersten Enkels Chad)

Lucy May Merrihew
(Tochter von Chad und Erica; meine zweite Urenkelin)

Erica Merrihew
(Ehefrau meines zweiten Enkels Bevan)

Gott hat mich mit euch gesegnet, mit so treu gläubigen Frauen,
denen es wichtig ist, biblische Prinzipien zu kennen
und in ihrem Leben anzuwenden.
Ich weiß, wenn ich schon längst beim Herrn bin,
werdet ihr die Tradition eures Glaubens fortsetzen.

Inhaltsverzeichnis

Eine Anmerkung von Emilie

Die Zeit spielt eine so große Rolle in unserem Leben. Wir alle haben Mühe, sämtliche Aufgaben, die wir erledigen müssen, in Zeitabschnitten von 24 Stunden unterzubringen. Der Stress und die Belastungen, die damit einhergehen, sind nicht das, was Gott für uns wünscht. Wenn wir unsere größten Sorgen in den Blick nehmen, ist die Wahrscheinlichkeit hoch, dass sie mit Handlungen oder Entscheidungen zu tun haben, die WIR zur Priorität erhoben haben, und nicht mit den Anfragen, die Gott an unser Leben richtet. Deshalb habe ich gelernt, zu guten Dingen „Nein" zu sagen und mein „Ja" für die besten Dinge aufzubewahren.

Parallel dazu habe ich Prioritäten für Dinge festgelegt, die getan werden müssen und mit dem zusammenhängen, was mir in meinem Leben am wichtigsten ist. Eine Priorität, die mir besonders am Herzen liegt, war die Entscheidung, mir täglich eine wertige Zeit zu nehmen, um etwas zu lesen, das mir hilft, im Glauben zu wachsen. Neben dem Lesen der Bibel waren mir zusätzliche Quellen hilfreich, die mich in der guten Gewohnheit von täglichen Betrachtungen unterstützen und ermutigen. Ich bete, dass dieses Buch für Sie ein solcher Begleiter in Ihrer Gebetszeit wird.

Gott fünf Minuten am Tag zu geben ist nicht zu viel verlangt! Es erfordert jedoch eine gewisse Entschlossenheit und Übung, dies zu einem Teil der Alltagsroutine zu machen. Wenn ich diese Zeit mit Gott zu einer täglichen Gewohnheit mache, stelle ich fest, dass mein Tag viel besser verläuft. Ich fühle mich mehr mit dem Herzen und Willen Gottes verbunden, bewältige mehr von dem, was ich erledigen muss, und bin empfänglicher für Momente, in denen ich bete und vor ihm still werde. Man braucht einundzwanzig Tage, um sich eine neue Gewohnheit anzueignen. Warum nicht gleich anfangen, diese neue Gewohnheit zu entwickeln, täglich fünf Minuten Zeit mit Gott zu verbringen?

Sein Segen begleite Sie beim Lesen dieser kurzen täglichen Betrachtungen.

Emilie Barnes

*Die ganze Schrift ist von Gottes Geist eingegeben
und kann uns lehren, was wahr ist, und uns erkennen lassen,
wo Schuld in unserem Leben ist.*

*Sie weist uns zurecht und erzieht uns dazu, Gottes Willen zu tun.
Durch die Schrift bereitet Gott uns umfassend vor
und rüstet uns aus für alles, was wir nach seinem Willen tun sollen.
(2. Timotheus 3,16-17)*

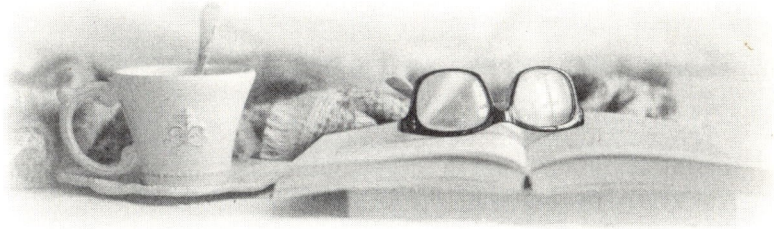

Jeden Tag mit Gott beginnen

Deshalb schlaft nicht ein und haltet euch bereit,
denn ihr kennt weder den Tag noch die Stunde meiner Wiederkehr.
(MATTHÄUS 25,13)

Es heißt, man braucht einundzwanzig aufeinanderfolgende Tage, um eine neue Gewohnheit zu entwickeln. Wenn Sie es nicht gewohnt sind, den Tag mit Gott zu beginnen, ist heute Ihr erster Tag. Nur noch zwanzig weitere Tage, und Sie haben eine neue Routine gewonnen. Diese Dauer genügt, um diese zusätzliche Priorität harmonisch in Ihr Leben einzugliedern.

Ich habe festgestellt, dass höchst erstaunliche Wirkungen der Kraft Gottes geschehen, wenn ich das Wagnis eingehe, Gott zu gehorchen. Es überrascht mich, wie der Herr meine winzigen Glaubensschritte nehmen kann, um daraus einen weiten Sprung für sein Reich zu machen.

Vielleicht sind Sie eine Mutter, deren Teenager gerade in Schwierigkeiten stecken. Vielleicht haben Sie mit einer Krankheit zu kämpfen oder arbeiten in einem Beruf, der Sie innerlich auslaugt. Was immer Sie heute auch erwarten mag: Fassen Sie in Ihrem Herzen und in Ihrem täglichen Alltagsgeschehen den festen Entschluss, Gottes Stimme hören zu wollen, indem Sie jeden Morgen einen Bibeltext lesen und beten, bevor Sie sich den Ereignissen des Tages zuwenden.

Wir wollen unseren Glauben praktizieren, indem wir uns an Gott wenden, wenn das Leben uns zu überfordern scheint. Die Bibel sagt uns die Wahrheit über solche Umstände. Wir mögen schwach sein, aber er ist stark. Seine Arme sind offen für Sie und Ihre Probleme. Auch in den Zeiten, in denen Sie ihn preisen, ist er gegenwärtig. Als Mutter lieben Sie es, wenn Ihre Kinder „Danke schön" sagen – und Gott tut das auch.

Sie brauchen nicht mehr zu tun als stillzusitzen und ein paar Minuten hinzuhören, was er Ihnen zu sagen hat. Gott ist natürlich nicht so eine Art Weihnachtsmann, der nur auf Ihre

Wunschliste wartet, aber er möchte tatsächlich wissen, welche Hoffnungen und Bedürfnisse Sie haben. Er ist auch nicht wie ein Feuerlöscher, zu dem man nur greift, wenn die Flammen außer Kontrolle geraten. Er möchte, dass Sie sich jeden Tag nach ihm ausstrecken – natürlich auch dann, wenn Sie ihn „nur" preisen wollen!

Er ist Ihr Vater im Himmel und er sehnt sich danach, Zeit mit Ihnen zu verbringen. Wenn Sie treu zu ihm kommen und diese neue Gewohnheit zu einem wesentlichen Element in Ihrem Lebensrhythmus machen, werden Sie mit jedem Mal noch stärker motiviert sein, zu Gott zu kommen. Und Sie werden Ihre Familie und andere Menschen inspirieren, dasselbe zu tun.

> Vater Gott, bevor ich mit den Dingen des neuen Tages beschäftigt bin, möchte ich Zeit mit dir verbringen. Unser Gespräch wird mir helfen, die richtige Einstellung zu bekommen, bevor ich mich auf die Welt einlasse, und mich an deine Liebe und Weisheit erinnern, die du für mich bereithältst. Ich bin so dankbar, dass ich jederzeit zu dir kommen kann und wissen darf, dass dich wirklich interessiert, was ich zu sagen habe … und dass dir auch am Herzen liegt, mir etwas zu sagen. Amen.

Aktiv werden

Fangen Sie heute an, die Gewohnheit zu entwickeln, morgens zu beten und Gott zu preisen. Wenn Sie nicht wissen, wo Sie anfangen sollen, schlage ich das Buch der Sprüche vor. Und machen Sie *5 Minuten mit der Bibel* für Frauen zu einem Teil Ihrer neuen Reise. Gemeinsam ist es leichter, sich eine großartige neue Gewohnheit anzueignen.

Ihre Gedanken

Wie Sie mehr vom Bibellesen haben

Aber der Tröster, der Heilige Geist,den mein Vater senden wird
in meinem Namen, der wird euch alles lehren und euch
an alles erinnern, was ich euch gesagt habe.
(JOHANNES 14,26; LU)

Es gibt so vieles, was wir aus der Bibel gewinnen und lernen
können und worüber es sich nachzudenken lohnt. Um Gottes
Botschaft für Sie besser auszuschöpfen und sich zu Herzen zu
nehmen, möchten Sie sich beim Lesen vielleicht an den folgenden
Schritten orientieren. Ich glaube, sie werden Ihnen helfen, wenn
Sie jetzt zu Ihrer Reise aufbrechen, um mehr Zeit im Wort Gottes
zu verbringen.

Wählen Sie zuerst ein bestimmtes Buch der Bibel, das Sie lesen wollen. Stellen Sie sich bei jedem Kapitel die folgenden Fragen und schreiben Sie Ihre Antworten auf.

1. *Worum geht es in diesem Kapitel?* Gewinnen Sie beim Lesen
   einen allgemeinen Überblick über das, was der Verfasser
   sagt. Was ist die zentrale Aussage?
2. *Was lehrt dieses Kapitel über Gott / Jesus / den Heiligen Geist?*
   Lesen Sie das Kapitel nun noch einmal langsam durch und
   suchen Sie nach der Antwort auf diese Frage.
3. Geht es hier um eine Sünde, die ich bekennen sollte, und
   um Verhaltensweisen oder Gedanken, die ich besser ver-
   meide? Der Verfasser vermittelt gewöhnlich ein bestimmtes Prinzip über das Leben als Christ.
4. *Welches Beispiel wird genannt, das ich befolgen sollte?* Um die
   Antwort auf diese Frage zu finden, müssen Sie den Abschnitt vielleicht mehrmals durchlesen. Legt dieser Bibeltext Ihnen einen bestimmten Schritt nahe, den Sie in Ihrem
   Leben als Christ tun sollten?

5. *Welches Gebot wird genannt, das ich befolgen soll?* Die Bibel äußert kein „vielleicht" und macht nicht einfach „Vorschläge". Die Verfasser geben normalerweise Gottes Botschaft direkt weiter.

6. Welche Verheißung wird genannt, die ich glauben und auf die ich vertrauen darf? Wenn Sie aufmerksam suchen, werden Sie die Nadel im Heuhaufen entdecken.

7. *Was ist mein Lieblingsvers in diesem Buch?* Ich möchte Sie ermutigen, diesen Vers auf eine Karteikarte zu schreiben und im Lauf der Woche auswendig zu lernen. Notieren Sie auch, warum der Vers Sie besonders anspricht. Sie werden über die reiche Fülle staunen, die Sie mit der Zeit sammeln.

8. *Was hat dieses Buch mir persönlich zu sagen?* Beten Sie um Gottes Leitung und Hilfe, um zu verstehen, was er Ihnen sagt. *Hören* Sie beim Lesen des Kapitels aufmerksam auf seine Botschaft. Danken Sie ihm für sein Reden und bitten Sie um seine Hilfe bei den entsprechenden Änderungen.

Vater Gott, gib mir den Wunsch, diese einfachen Schritte zu befolgen, um dein Wort besser zu verstehen und geduldig tiefer zu graben, um das Herz deiner Botschaft zu verstehen. Öffne mir die Augen, damit ich sehen kann, wie deine Wahrheit und Weisheit zur Grundlage meines täglichen Lebens werden können. Hilf mir, mich inniger an dich zu halten und in dir zu wachsen. Amen.

Aktiv werden

Wählen Sie einen Abschnitt der Bibel, den Sie lesen, und stellen Sie sich dabei diese Fragen. Lesen Sie diese Leitlinien am Anfang zweimal durch, damit die Fragen ein natürlicher Leitfaden beim Bibellesen werden.

Ihre Gedanken

Gottes Friede in unserer unsicheren Welt

*Faule Menschen wollen viel
und bekommen wenig, doch wer fleißig ist,
dem wird es gut gehen und er wird zufrieden sein.*
(SPRÜCHE 13,4)

Alle sprechen im Moment über Sicherheit. Wir wünschen sie uns, aber die damit verbundenen Strukturen und Einschränkungen sind uns nicht immer recht. An den Flughäfen und in unseren Städten sehen wir verschiedene menschliche Bemühungen, für Sicherheit zu sorgen. In Südkalifornien werden viele neue Wohnsiedlungen mit Zäunen oder Mauern umgeben, und der Zugang ist nur über bewachte Tore möglich. Oft werden Sicherheitswärter eingesetzt, die durch die Straßen patrouillieren oder diejenigen überprüfen, die das Tor passieren wollen.

Viele Menschen sagen, dass sie sich nicht mehr sicher fühlen, sogar trotz solcher Maßnahmen. Die meisten suchen nach weiteren Möglichkeiten, sich vor potentiell schädlichen oder zerstörerischen Einflüssen zu schützen. Es ist nicht überraschend, dass solche äußeren Maßnahmen wenig dazu beitragen, die Unruhe in unseren Herzen und Gedanken zu beschwichtigen.

Als Menschen, die an Jesus Christus glauben, können wir den sicheren Weg zum Herzen Gottes und zu seinem Heiligtum wählen. Wir können uns im Geist ganz ihm anvertrauen. Als Christen können wir mitten in dieser unsicheren Welt den Frieden Gottes erfahren und genießen. Wenn wir eifrig darauf bedacht sind und intensiv daran arbeiten, im Glauben zu wachsen, ist das Ergebnis ein tiefes Erkennen und Erfahren der Ruhe und Fürsorge Gottes. Mein Mann Bob und ich wissen durch den schwierigen Weg, den wir in meiner Krebserkrankung gegangen sind, dass Gott uns einen Frieden geben kann, der alles menschliche Verstehen übersteigt.

Ich glaube, dass Gott alle meine Gebete und seine Antworten registriert hat. Ich muss in Erinnerung behalten, dass auch an Tagen, an denen Gott fern zu sein scheint, sein Frieden mir nahe und zugänglich ist. Wenn wir morgens aufwachen, können wir gewiss sein, dass unser himmlischer Vater heute derselbe ist, der er immer war. Unser Gott ist nie zu beschäftigt, um uns anzuhören. Es gibt kein Besetztzeichen, keine Anrufbeantworternachrichten und keine abgebrochene Verbindung, wenn wir den Herrn Jesus Christus anrufen.

Vater Gott, lass mich heute mit Freude in deinen Frieden eintreten. Hilf mir, in Bezug auf mein Leben, meine Ehe, meine Familie, meinen Besitz dir zu vertrauen. Du bist mein Hirte, der mich durch ungewisse Täler führt und mich wieder auf den richtigen Weg bringt, wenn ich mich verirrt habe. Danke, dass du mich immer anhörst, wenn ich zu dir rufe, und mich nie im Stich lässt. Amen.

Aktiv werden

Denken Sie über die verschiedenen Dinge nach, die Sie unternommen haben, um die äußere und finanzielle Sicherheit in Ihrem Leben zu erhöhen. Denken Sie dann darüber nach, wie Sie in Ihre *geistliche* Sicherheit investieren wollen … indem Sie in Ihrem Glauben an den Herrn wachsen.

Ihre Gedanken

Ein Leben im Glauben entwickeln

So ist die Schrift erfüllt, die da spricht (1. Mose 15,6):
Abraham hat Gott geglaubt und das ist ihm zur Gerechtigkeit
gerechnet worden, und er wurde „ein Freund Gottes" genannt.
(JAKOBUS 2,23)

Wow! Abraham muss ein großartiger Mensch gewesen sein, um als Freund Gottes bezeichnet zu werden. Diesem Freundeskreis möchte ich unbedingt auch angehören. Aber Moment mal ... *ich gehöre ja schon dazu!* Ich zähle nicht nur zu den Freunden Gottes, sondern bin auch sein Kind. Meine Hoffnung ist, dass ich einmal wie Abraham als eine Person mit großem Glauben betrachtet werde.

Sein Leben lang stellte Abraham seinen starken Glauben an Gott unter Beweis. Er lernte, dass Gott für alles sorgen würde und dass er sich ganz auf Gott verlassen konnte, dem er immer mehr vertraute. Wahrscheinlich werden Sie und ich in unserem Leben nicht vor denselben Herausforderungen im Glauben stehen, wie Abraham sie erlebte, aber dieselben Prinzipien gelten auch für unseren Erfolg im Leben. Wir sollen wissen, dass Gott für alles Nötige sorgen wird. In Hebräer 11,8-9 werden drei Worte besonders betont – „durch den Glauben":

Durch den Glauben wurde Abraham gehorsam, als er berufen wurde, an einen Ort zu ziehen, den er erben sollte; und er zog aus und wusste nicht, wo er hinkäme. **Durch den Glauben** ist er ein Fremdling gewesen im Land der Verheißung wie in einem fremden Land und wohnte in Zelten mit Isaak und Jakob, den Miterben derselben Verheißung.

In den meisten Situationen handelte Abraham nach diesem grundlegenden Prinzip eines Lebens im Glauben: Gott wird für alles sorgen. Wenn wir ein Leben führen wollen, das es wert ist, dass andere ihm folgen, müssen wir ein Vermächtnis hinterlassen, an dem die Menschen, die uns beobachten, erkennen können, dass wir wirklich auf Gottes Fürsorge vertrauen.

Was werden wir auf den „Altar" unseres Lebens legen? Unsere Familie, unseren Beruf, unser Zuhause, unseren Besitz? Tag für Tag machen wir uns ständig Gedanken über das, was wir haben und wollen. Warum machen wir uns solche Sorgen? Ein Motto der Barnes-Familie lautet: „Gott ist gut *allezeit.*" Und ich glaube das von ganzem Herzen. Ich habe Gottes Barmherzigkeit und Güte in meinem Leben immer wieder erlebt, und ich habe mit zahllosen Frauen gesprochen, die ebenfalls die große Gnade und Liebe Gottes bezeugen können.

Wenn wir wirklich glauben, dass Gott für alles Nötige sorgen wird, warum investieren wir dann so viel in Dinge, die keinen ewigen Wert haben und uns nicht in seinen Frieden führen? Ändern wir unsere Perspektive, damit wir aus Glauben leben und nicht in Angst, damit wir aus Glauben leben und uns nicht von ziellosen, unabsichtlichen Neigungen leiten lassen.

Vater Gott, gib mir die Fähigkeit, die Dinge aus deiner Sicht zu beurteilen, damit ich den Menschen meiner Umgebung bezeugen kann, dass ich wirklich an deine Fürsorge glaube. Gib mir den Mut, aus dem Glauben an dich zu leben. Amen.

Aktiv werden

Vertrauen Sie Gott durch den Glauben, dass er für ein bestimmtes Bedürfnis sorgen wird, das Sie haben. Bringen Sie dieses Anliegen heute im Gebet zu ihm.

Ihre Gedanken

Fröhlich jubeln

Freut euch im Herrn. Ich betone es noch einmal: Freut euch!
(PHILIPPER 4,4)

Als Menschen, die an die Hoffnung glauben, die wir in der Bibel erkennen und empfangen, können wir uns sogar in schwierigen Zeiten freuen. Freude hängt nicht immer von unseren Umständen ab. Das heißt nicht, dass wir ständig lächeln, aber unser Herz und unser Geist können in einer Einstellung der Freude bleiben. Paulus befand sich gerade im Gefängnis, als er den Christen, die in Philippi an Jesus Christus glaubten, die heutige Ermutigung schrieb. Stellen Sie sich das einmal vor. An dem düstersten, trübseligsten Ort, an dem er sich je befand, konnte er von Freude und Licht sprechen.

Ich las die Geschichte eines Ehepaares, das im Zweiten Weltkrieg während des Bombenangriffs auf London in England lebte. Die beiden konnten sich sogar während dieser schweren Jahre freuen. Einmal, als man sie wieder laut lachen hörte, fragte eine zynische Nachbarin die beiden: „Was in aller Welt gibt es denn für euch zu lachen?" In ihrer Stimme und in ihrem Gesichtsausdruck spiegelten sich Unglaube und sogar Verärgerung. Das Problem kommt in ihrer Frage zum Ausdruck. Sie fragte nämlich, was die beiden in der *Welt* fanden, über das sie in einer so schwierigen Zeit der Geschichte in ihrem Leben lachen konnten. Die Eheleute fanden ihre Freude aber *im Himmel* und *in Gottes Gegenwart*. Die Hoffnung, die er gibt, ist stärker als Nöte und Probleme. Erkennen Sie, wie anders diese Perspektive ist? Die Welt konzentriert sich auf die irdischen Schwierigkeiten, aber den Gläubigen sind Augen und Verstand und Herzen gegeben, die sich auf die Schätze und die Weisheit des Himmels ausrichten können. Kein Wunder, dass viele Menschen sich auf Christen keinen Reim machen können.

Wie können wir in harten Zeiten so gelassen wirken? Diese Art von standhafter Liebe kann viele Menschen irritieren, die diese Liebe nicht spüren oder nicht haben oder nicht wissen, woher sie kommt. Statt sich mit uns zu freuen oder uns danach zu fragen, spotten sie oft lieber darüber.

Nichtchristen sagen oft, dass es angebracht ist, sich zu freuen, wenn man einen konkreten Grund dazu hat, wie zum Beispiel, wenn man im Lotto gewonnen hat oder eine Gehaltserhöhung bekommt. Doch wenn wir keinen offensichtlichen Grund für unsere Freude haben, werden wir eher als etwas seltsam betrachtet. Die Bibel sagt uns, dass Freude nicht nur für die guten Zeiten da ist. Sie gilt für *alle* Zeiten. Um ständig in einem Zustand der Freude leben zu können, müssen wir im Heiligen Geist leben und handeln. Wir müssen auch auf das achten, was Gott uns durch unsere gegenwärtigen Umstände lehren möchte. Überlegen Sie einmal, welche Lektion der Freude und des Vertrauens Sie heute lernen können.

Lieber Herr, ich möchte die Freude haben, von der Paulus sprach, sogar als er gerade im Gefängnis saß. Ich möchte nicht nur in den guten Momenten meines Lebens freudig sein. Ich weiß, dass du in allen Höhen und Tiefen bei mir bist. Hilf mir, mich immer an deine sichere Gegenwart zu halten. Amen.

Aktiv werden

Singen Sie Gott ein Loblied oder spielen Sie ein inspirierendes Anbetungslied. Lassen Sie Ihren Geist aufsteigen zu ihm.

Ihre Gedanken

Wo Hoffnung ist, da ist Leben

Mein Herr, auf was kann ich hoffen?
Meine einzige Hoffnung bist du.
(PSALM 39,8)

Das Wort „Hoffnung" wird in der Bibel oft verwendet. Hoffnung hat einen hohen Wert im christlichen Leben. Aus beiläufigen Gesprächen oder Grußkarten gewinnen wir vielleicht den Eindruck, dass Hoffnung einem Wunsch gleicht, aber sie ist viel stärker als das. Wenn unsere Hoffnung Christus gilt, wurzelt sie in seiner Kraft, seiner Macht und seinen Verheißungen.

Sie kennen vielleicht die Redewendung „Wo Leben ist, da gibt es auch Hoffnung?" Ich würde sie gern umformulieren und sagen: „Ohne Hoffnung ist das Leben, so wie wir es kennen, einfach unmöglich." Wie können wir überleben, wenn wir nicht mindestens den winzigen Funken einer Möglichkeit erkennen? Wie können wir wachsen, ohne dass die Hoffnung uns motiviert zu suchen und zu lernen und weiterzugehen? Ich glaube, genau so ist Hoffnung eigentlich. Sie ist der Wunsch und die Fähigkeit, in Gottes Gnade und durch seine Kraft weiterzugehen.

Eine bedeutsame Kontrasterfahrung in unserem Leben machen wir, wenn wir an einer Beerdigung teilnehmen. Bei Trauerfeiern für Nichtchristen ist dabei vor allem ein Gefühl des Verlustes und der Trauer vorherrschend. Die verstorbene Person hat gelebt und ist gestorben, und das war's. Bei solchen Bestattungen gibt es kaum Freude.

Wenn man aber an der Beerdigung eines Menschen teilnimmt, der im Glauben gelebt hat, hört man vieles, das Hoffnung auf ein ewiges Leben weckt. Die Trauerfeier macht uns bewusst, dass das Leben eine Bedeutung hat, die am Grab nicht endet. Eines Tages werden wir Gläubigen im Himmel wieder zusammen sein – das ist unsere Gewissheit. Hoffnung ist ein Vorschuss und eine Investition in die Zukunft. Sie leitet uns, wenn wir eine traurige oder schmerzhafte Zeit durchmachen.

Wenn das normale Leben heiter dahinplätschert, brauchen wir dieses Bewusstsein des Möglichen, damit der Alltagsstress in der Familie oder im Beruf uns nicht ermüdet. Wenn es im Leben Erschütterungen und Krisen gibt, zum Beispiel wenn eine Krankheit ausbricht oder ein Kündigungsschreiben eintrifft oder ein Freund uns enttäuscht oder wir einfach die Orientierung verlieren, dann brauchen wir Hoffnung als einen Anker, der uns hält und uns durchhalten lässt, bis wieder bessere Zeiten folgen. Wir brauchen eine Hoffnung, die stärker ist als der Tod. Und diese Hoffnung, liebe Freundin, haben wir in Jesus.

Vater Gott, ich merke, dass dein Wort mir Hoffnung für die Zukunft gibt. Es hilft mir zu vertrauen, dass die Hoffnung auf dich jeden Schmerz überwinden wird, der mich treffen kann, sogar den Stachel des Todes. Von Menschen wurde ich schon enttäuscht, aber nie von dir. Wenn ich durch eine düstere Zeit gehe, weiß ich, dass ich mit meinen Verletzungen und meinem Versagen zu dir kommen kann und du mich in Liebe annehmen wirst. Du wirst mich zu einem erfüllenderen Leben in dir führen. Amen.

Aktiv werden

Wo ist Hoffnung zu finden? In Tod und Grab oder in der Hoffnung auf die Ewigkeit in Ihrer Seele? Beurteilen Sie diese Alternative für sich selbst. Was sollten Sie in diesem Augenblick tun?

Ihre Gedanken

Ich wäre lieber reich

Bleibt niemandem etwas schuldig, abgesehen von der Liebe,
die ihr einander immer schuldig seid. Denn wer den anderen liebt,
hat damit das Gesetz Gottes erfüllt.
(RÖMER 13,8)

Ich muss lachen, wenn ich den Spruch höre: „Ich war schon mal arm und auch schon mal reich; reich sein ist besser." Da würden die meisten von uns natürlich zustimmen. Doch für Christen besteht der einzige Grund für Reichtum darin, Mittel zu haben, um bei der Verwirklichung der Absichten Gottes mitzuhelfen, solange wir auf der Erde sind. Gott ist ganz sicher nicht auf unseren Wohlstand angewiesen, und er braucht auch unseren Besitz nicht. Aber wir dürfen und sollen ihm unsere Zeit und unser Geld geben.

Wenn wir unsere Rolle als Geber liebevoll und gehorsam erfüllen (unabhängig davon, wie viel wir zu geben haben), wird Gott diese Gaben gebrauchen, um anderen Menschen zu helfen. Unsere Bereitschaft zu geben öffnet oft eine Schleuse für weiteres Geben. Wir erkennen, warum das Geben wichtig ist und sehen Gott am Werk, sodass unsere Bereitschaft wächst, noch mehr zu geben. Und wenn andere Menschen unser Beispiel sehen, können auch sie inspiriert werden, immer wieder zu geben. Aus einer kleinen Geste kann eine ganze Bewegung der Anteilnahme und Freundlichkeit werden.

Wir alle wissen, wie gut es sich anfühlt, wenn wir geben, deshalb finde ich es interessant, dass viele Menschen das Geben nicht in ihr Familienbudget einplanen. Dabei sollte es ganz oben auf der Liste stehen. Gott zu geben sollte immer das Erste sein. Dies tun wir nicht nur, indem wir unseren Zehnten geben, sondern auch, indem wir uns von ihm leiten lassen, wann und wie viel wir unseren Familien, unserer Gemeinde und sogar Fremden geben sollen. Lassen Sie sich nicht von dem Gedanken verleiten: „Wenn wir dies oder jenes haben oder wenn wir genug verdienen, dann werden wir mit dem Geben anfangen." Das wird nicht geschehen. Wir haben nie „genug". Deshalb müssen wir es uns zur Gewohnheit machen, jetzt zu geben. Und wir sind durch unsere Art zu geben natürlich ein Vorbild für unsere Kinder und andere Menschen.

Alles, was Sie haben, gehört Gott. Ihm etwas zurückzugeben, sollte unabhängig davon geschehen, wie hoch unser Einkommen ist oder in welcher Situation wir gerade sind. Und wir sollen nicht nur unser Geld geben, sondern auch unsere Zeit und Aufmerksamkeit. Das Ergebnis wird am Ende sein, dass Gott Freude an uns hat und wir gesegnet sind.

> Vater Gott, ich möchte einen Lebensstil entwickeln, der darauf zielt, dir all das zurückzugeben, was du mir geschenkt hast. Hilf mir, weise und ausgewogen zu entscheiden, wie ich für meine Familie sorge und anderen Menschen helfe. Mache mich frei von dem Anspruch auf meinen Besitz, auf meine Zeit und auf mein Einkommen, damit ich diese Mittel ungehindert so einsetzen kann, wie du mich leitest. Ich möchte, dass es bei allen meinen Entscheidungen um dich geht. Amen.

Aktiv werden

Nehmen Sie sich mit Ihrer Familie Zeit, darüber nachzudenken, für welche Ziele Sie Gott etwas von dem zurückgeben wollen, das er Ihnen so reichlich geschenkt hat. Fragen Sie die Mitglieder Ihrer Familie, wie sie ihre Talente und Gaben nutzen wollen, um Gott zu ehren.

Ihre Gedanken

Lektionen, die man in der Schule nicht lernt

Wer weise ist, höre auf diese Sprüche
und gewinne noch an Weisheit hinzu, wer klug ist,
suche sich weisen Rat.
(SPRÜCHE 1,5)

Waren Sie schon einmal wie gelähmt, als Sie vor einer wichtigen Entscheidung standen? Oder haben Sie über der Fülle von Meinungen und Standpunkten die Orientierung verloren? Mir ist es definitiv schon so ergangen. In solchen Situationen bringen wir nichts zustande und resignieren zu sehr, um noch zu lernen und zu wachsen.

Es gibt Wege, wie wir für uns und unsere Kinder und Enkel ein starkes Fundament der Weisheit legen können. Wir alle wissen, dass besonders wichtige Lektionen nicht in den üblichen Lehrbüchern zu finden sind; deshalb kommt es so sehr darauf an, dass wir uns mit den jüngeren Generationen zusammensetzen und ihnen diese Weisheiten nach und nach vermitteln. Hier sind einige solcher Lektionen, die weit über das übliche Schulwissen hinausgehen:

1. *Nicht alles selbst machen.* Unabhängig zu sein hat zwar seine Vorteile, aber achten Sie darauf, Ihre Unabhängigkeit nicht zu weit zu treiben. Es ist wesentlich, sich in den Situationen unseres Lebens auf Gottes Kraft zu stützen. Wenn wir Hilfe ablehnen, beschränken wir das, was Gott durch andere und uns selbst tun kann.
2. *Sorgen Sie dafür, dass Ihre Mühe sich am Ende lohnt.* Hören Sie nach den ersten Versuchen nicht auf. Viele erfolgreiche Menschen hatten beim ersten Mal – und oft auch mehrere weitere Male – noch keinen Erfolg. Es lohnt sich, bei jedem Projekt in die Vorbereitungen zu investieren, weil die Gelegenheit dann nicht vergeudet wird – selbst wenn nicht alles so läuft wie geplant. Das ist eine großartige Erfahrung,

die man an jüngere Generationen weitergeben kann. Wie oft haben wir schon gehört, dass jemand sagt: „Wozu das Ganze?" Wir werden uns nicht weiterentwickeln, wenn wir nicht bereit sind, mehr Mühe aufzuwenden als bloße Worte oder Wünsche. Gebet und gezielte Arbeit formen bleibende Gewohnheiten mit ewigem Nutzen.

3. *Eine gute Einstellung bewahren.* Gehen Sie mit Freude und Dankbarkeit an Ihre Arbeit heran, und begegnen Sie auch Ihrer Familie und Ihren Verwandten mit Freude und Dankbarkeit. Das verändert auch die Art und Weise, wie Sie mit Pannen und Störungen umgehen, die Ihre Pläne durchkreuzen.

4. *Legen Sie Wert auf Ihre Integrität.* Eine ehrliche Frau mit einem vertrauenswürdigen Charakter steht für Erfolg. Wenn Sie Mentorin für einen jungen Menschen sind, seien Sie stets ein Vorbild an Integrität. Das heißt nicht, dass Sie vollkommen sein müssten! Aber es bedeutet, dass Sie in jeder Situation Ihr Bestes geben, um Gott zu folgen und ihn würdig zu vertreten.

Herr, lass mich immer eine lernende Frau sein, die im Beruf ebenso wie zuhause verlässlich und vertrauenswürdig ist. Gib mir ein Herz, das nach Einheit trachtet und Brücken baut, damit ich anderen Menschen dienen und sie aufbauen kann. Amen.

Aktiv werden

Beurteilen Sie Ihre eigenen Fortschritte in den Bereichen, die wir gerade betrachtet haben. Wie gut können Sie diese Eigenschaften an andere weitervermitteln? Planen Sie für jeden Bereich einen bestimmten Tag, an dem Sie besonders auf diese Verhaltensweisen achten wollen. Halten Sie in Ihrem Journal fest, wie sich Ihre Perspektive dadurch verändert und auch die Reaktionen anderer Menschen Ihnen gegenüber verändern könnten.

Ihre Gedanken

Ein verantwortlicher Umgang mit Finanzen bedeutet finanzielle Freiheit

Gott schenkt demjenigen, der ihm gefällt,
Weisheit, Erkenntnis und Freude.
(PREDIGER 2,26A)

Sind Sie ein Mensch, der an einem Schnäppchen nicht vorbeigehen kann? Wenn Sie etwas zu einem reduzierten Preis sehen, wird dieses Objekt dann plötzlich ein Bedürfnis oder eine Priorität für Sie? Manchmal ist ein Sonderangebot nicht annähernd so wertvoll wie eine gute Idee. Wenn wir tief mit Gottes Wort vertraut sind und im Gebet mit ihm sprechen, sind wir eher in der Lage, seine Führung zu erkennen und seiner Weisheit zu folgen. Und mit Gottes Hilfe werden wir in unserem Leben jedes Jahr hinzulernen, besonders wenn es um die wichtige Verantwortung geht, die uns mit Gottes Segen anvertraut wurde.

Sie können Ihr Geld noch besser verwalten, wenn Sie ein geistliches Ziel für Ihr Leben haben. Wenn Ihr geistliches Ziel darin besteht, Gott zu dienen, werden alle Ihre Mittel zu diesem Ziel beitragen. Wenn Sie erlebt haben, wie ein „Schnäppchen" Ihr Budget gesprengt hat, können Sie den Wert dieses Objekts jetzt besser einschätzen. Es besteht immer ein Kampf zwischen dem, was wir „wollen", und dem, was wir „brauchen". Fragen Sie sich, ob ein beabsichtigter Kauf oder ein geplantes Projekt Ihrem geistlichen Auftrag entspricht oder einen notwendigen Beitrag für das Wohl Ihrer Familie und Freunde leistet.

Behalten Sie in Erinnerung, dass *finanzielle Verantwortung der finanziellen Freiheit dient.* Ich weiß, dass es schwerfallen kann, zu einigen Dingen jetzt Nein zu sagen, um später Freiheit zu erlangen. Wenn wir ehrlich sind, ist unsere Kultur mehr darauf aus, Bedürfnisse sofort zu befriedigen. Doch wenn Ihre Gedanken und Absichten auf das Beste zielen, das Gott für Sie beabsichtigt, fallen solche Entscheidungen leichter. Das kann ich Ihnen versprechen.

Seien Sie mit ihrem gegenwärtigen Einkommen zufrieden. Machen Sie es zu einer Priorität Ihrer Familie, regelmäßig zu geben. Zahlen Sie Ihre Schulden fristgerecht. Erkennen Sie an, dass alles Gott gehört: Alles, was Sie haben, ist Ihnen nur geliehen. Ihr Zuhause, Ihr Auto, Ihre Ehe, Ihre Kinder, Ihr Beruf – alles. Sie können das alles gebrauchen, lieben, nutzen, aber Sie können es nicht besitzen und haben keinen Anspruch darauf. Gott sagte: „Das Silber gehört mir und das Gold gehört mir" (Haggai 2,8). Setzen Sie Gottes Mittel weise ein.

Vater Gott, ich möchte geistlich reich sein. Ich möchte, dass mein Geld einer geistlichen Absicht dient. Hilf mir, in meinem Herzen und in meinen finanziellen Entscheidungen zu unterscheiden, wenn „günstige Angebote" der Welt auftauchen. Gib mir eine großzügige Einstellung, sodass meine Hände nie am Besitz festhalten und mein Herz sich nie zurückhält, anderen Menschen deine Liebe zu zeigen. Amen.

Aktiv werden

Tauschen Sie sich mit Ihrer Familie über einige Bereiche Ihres finanziellen Lebens aus, die Sie überdenken sollten. Ihr Ziel ist es, finanzielle Freiheit zu gewinnen, damit Sie die Freiheit haben, so zu geben, wie Gott Sie leitet.

Ihre Gedanken

Prinzipien des Gebens

Jeder von euch muss selbst entscheiden, wie viel er geben möchte.
Gebt jedoch nicht widerwillig oder unter Zwang,
denn Gott liebt den Menschen, der gerne gibt.
(2. Korinther 9,7)

Ich werde immer wieder gefragt: „Wie viel Geld muss ich geben, um ein guter Christ zu sein?" In 2. Korinther 9 inspiriert der Apostel Paulus die Gläubigen in Korinth dazu, und damit auch uns, folgende Prinzipien des Gebens zu beachten:

1. *Wir ernten, was wir säen* (Vers 6). Das ist ein landwirtschaftliches Prinzip. Wenn wir später eine Ernte einbringen wollen, dürfen wir nicht knausern, sondern sollten reichlich säen. Wenn wir sehr wenig geben, erhalten wir auch nur sehr wenig. Menschen, die geizig mit ihren Mitteln oder mit ihrer Zeit und Aufmerksamkeit umgehen, investieren nicht in die Ernte, die sie sich später wünschen. Auf der anderen Seite gibt es Menschen, die nur über geringe Mittel verfügen, aber so oft geben, wie Gott sie leitet. Sie werden eine üppige Ernte an den Dingen haben, auf die es ankommt. Denken Sie an die Freude und die Liebe und das Gemeinschaftsgefühl, die tragfähige Wurzeln fassen und aufblühen, wenn wir geben.
2. *Fröhliche Geber sein* (Vers 7). Geben Sie nicht, weil Sie sich unter Druck fühlen, sondern geben Sie frei und fröhlich, weil Sie Gottes Herz für andere Menschen zum Ausdruck bringen wollen. Weil Sie sein Reich ausbreiten und in allen Bereichen Ihres Lebens seine gehorsame Dienerin sein wollen.

Das alles klingt doch machbar, nicht wahr? Warum fällt es uns dann immer wieder so schwer, nach diesen Prinzipien zu handeln? Ich glaube, dass wir uns manchmal Sorgen um unsere

Sicherheit machen und dann vergessen, was für ein großartiges Privileg es ist, mit Gott zu kooperieren, um für viele andere Menschen seine Hand und seine Hilfe zu sein.

Liebe Freundin, in Ihrem Gehorsam werden Sie Segen erfahren. Erst nachdem wir gegeben haben, sind wir bereit zu empfangen, was Gott für uns hat. Wir werden seine Liebe sogar noch tiefer erkennen und erleben, wenn wir fröhliche Geber sind. Tatsächlich verstehen wir Gottes Wesen wahrscheinlich dann am besten, wenn wir einen Teil von uns selbst oder von unserem Besitz an andere verschenken. Jedes Mal, wenn wir etwas für Gott und sein Werk durch unsere Ortsgemeinde, durch christliche Werke in aller Welt und durch Einzelpersonen spenden, handeln wir als gute Verwalter. Wir akzeptieren unsere persönliche Verantwortung für das, was Gott uns gegeben hat.

Frauen tragen eine Menge Verantwortung. Ganz bestimmt tun wir das! Behalten Sie deshalb in Erinnerung, dass es im Leben nicht darum geht, eine bestimmte Stufe des Gebens oder des finanziellen Wohlstands zu erreichen, damit wir aus dieser Fülle heraus geben können. Die Hingabe unseres Herzens an Gott und der Betrag, den wir geben, ganz gleich wie hoch er sein mag, gelten vor ihm als großer Schatz.

Zweifeln Sie nie daran, wie wertvoll Sie als Mensch vor Gott sind, und wie wertvoll das ist, was Sie ihm zu geben haben.

Vater Gott, hilf mir, meine Prioritäten beim Geben zu überprüfen. Leiste ich meinen Beitrag bereitwillig oder zögere ich zu geben? Hilf mir, eine fröhliche Geberin zu sein. Amen.

Aktiv werden
Kommen Sie an den Punkt, an dem Sie geben, weil Sie es möchten, und nicht weil Sie sich unter Druck fühlen.

Ihre Gedanken

Mit Gott übereinstimmen

Hört auf, euch Sorgen zu machen
um euer Essen und Trinken oder um eure Kleidung.
Wenn ihr für ihn lebt und das Reich Gottes zu eurem wichtigsten
Anliegen macht, wird er euch jeden Tag geben, was ihr braucht.
(MATTHÄUS 6,31+33)

Das ist einer meiner Lieblingsverse in der Bibel. Wenn wir an eine Weggabelung kommen und nicht sicher sind, welche Richtung wir einschlagen sollen, können wir zu diesem Vers zurückkehren. Welche Entscheidung würde Gott am besten gefallen? Warum sollten wir das tun? Warum bitten wir Gott, uns bei der Entscheidung zu leiten? Gottes Wille für das Leben eines Menschen ist eine lebenslange Entwicklung, die voraussetzt, dass wir jahrelang in der Bibel lesen, nach dem Wort Gottes forschen und beten, damit wir in unserem Alltag immer mehr so werden, wie es Gott gefällt.

Wir sind daran gewöhnt, Haftungsausschlusserklärungen zu lesen, wenn wir ein Produkt kaufen. Außerdem sind die Produkte mit Aufklebern und Gebrauchsanweisungen versehen, die uns erklären, wie das Produkt richtig verwendet wird. Ähnlich ist es beim Beten. Der große Theologe Charles Spurgeon fügte seinen Gebeten immer diese Erklärung hinzu:

> Herr, wenn ich um irgendetwas gebeten habe, das nicht in deinem Sinn ist, dann erhöre mein Gebet bitte nicht. Und wenn irgendein Wunsch, den ich vor dir geäußert habe – und wäre es der innigste Wunsch in meinem Herzen – in deinen Augen nicht recht ist, dann erhöre ihn nicht, mein Vater. In deiner unendlichen Liebe und Barmherzigkeit tue aber für deinen Diener etwas Besseres als das, was dein Diener zu bitten versteht.

Was für ein wunderbarer Nachsatz zu allen unseren Gebeten.

Haben Sie mit einer Situation oder Entscheidung gerungen und festgestellt, dass Ihr Ehemann oder auch eine Kollegin eine völlige andere Meinung dazu hat? Jeder Mensch hat andere Ziele und Perspektiven. So ist es auch in unserer Beziehung mit Gott. Hoffentlich gewinnen wir immer mehr Gottes Perspektive, je mehr wir in ihm wachsen.

Wenn wir so demütig vor Gottes Thron kommen, dass unsere Gedanken für ihn offen sind, werden wir vielleicht überrascht sein, wie sehr unsere Gebete mit seinem Willen für unser Leben übereinstimmen. Das würde uns so stark ermutigen, dass wir bei allen unseren Anliegen nach seinem Willen fragen würden – ob für Familie, Kinder, Beruf, Beziehungen, Ehe, geschäftliche Entscheidungen, Krankheit, Tod, Lebensgestaltung oder was auch immer.

> Vater Gott, ich möchte, dass keines meiner Gebete von dem abweicht, was aus deiner Sicht am besten für mich ist. Ich möchte demütig sein, wenn ich für meine Herzensanliegen bitte. Ich möchte das alles wirklich nicht, wenn es nicht gut für mich wäre. Ich möchte, dass meine Gebete in deinem Willen sind, und ich möchte, dass meine Perspektive deine eigene ist. Gib mir dein Herz und deine Sicht. Amen.

Aktiv werden
Fügen Sie im kommenden Monat nach jedem Gebet den Nachsatz von Spurgeon hinzu. Und schauen Sie dann, ob es Auswirkungen darauf hat, welche Bitten Sie vor Gott bringen.

Ihre Gedanken

Für den Erfolg planen

Ich habe aber auch etwas Schönes und Gutes entdeckt:
dass jemand isst, trinkt und Freude an seiner Arbeit hat,
obwohl sie ihm, solange er lebt, viel Mühe schafft –
denn das ist seine Bestimmung.
(PREDIGER 5,17)

Wir kennen die Redewendung: „Erfolgreiche Leute tun das, wozu erfolglose Menschen nicht bereit sind." Wenn wir bereit wären, den entsprechenden Preis zu zahlen, könnten wir alle die Geschäftsführer unserer eigenen Firma sein, an den Olympischen Spielen teilnehmen, eine eigene Kochsendung moderieren oder in einem anderen Bereich unser Bestes geben.

Wir alle verfügen über 24 Stunden oder 1 440 Minuten oder 86 400 Sekunden am Tag. Um das Beste aus unserem Leben zu machen, müssen wir weise Entscheidungen treffen, die auf dem beruhen, was das Leben für uns bedeutet. Niemand plant, einen Misserfolg zu haben, aber wir haben immer dann Misserfolge, wenn wir nicht für den Erfolg planen. Erfolge sind kein Glücksfall und kein Zufall – sie stellen sich ein, weil wir unser Vorgehen planen und uns bei der Umsetzung an unseren Zeitplan halten.

Unsere Auffassung von Erfolg unterscheidet sich natürlich von den Vorstellungen unserer Freunde oder Nachbarn. Jeder von uns ist einzigartig und Gott legt unterschiedliche Leidenschaften und Ziele in unsere Herzen. Auch wenn wir vielleicht nicht unbedingt eine Firma leiten wollen, wollen wir vielleicht unser Zuhause und unsere Familie mit größerer Leichtigkeit und Sicherheit managen. Vielleicht möchten wir einen Gemeinschaftsgarten anlegen. Vielleicht besteht unsere Vorstellung von Erfolg auch darin, dass wir mehr Zeit mit unserem Ehepartner und weniger Zeit im Büro verbringen.

Unabhängig davon, welche Vorstellung von Erfolg Gott in Ihr Blickfeld gelegt hat, lässt sich diese Vision nicht ohne Mühe verwirklichen. Richten Sie Ihren Tagesablauf und Ihre Entscheidung an den Prioritäten aus, die notwendig sind, um Ihrer Vision näherzukommen. Wenn Sie gute Entscheidungen für die Familie treffen wollen, müssen Sie sich an den Plan halten, den Sie und Ihr Ehepartner für Ihr Leben haben. Bedenken Sie, dass das Fehlen von Plänen für die Zukunft auf jeden Fall den Blick trüben wird, wenn Sie entscheiden wollen, was heute zu tun ist.

Fragen Sie bei Ihren Schritten nach Gottes Wegen und nach den Lektionen, die Sie unterwegs lernen können. Machen Sie sich keine Sorgen, ob Sie nach weltlichen Maßstäben erfolgreich sind; achten Sie nur darauf, ob Sie der Führung Gottes treu sind und tun, worum er Sie bittet. Das ist Erfolg und das ist der Weg zu tiefer Erfüllung.

Vater Gott, gib mir den Wunsch, für die Zukunft zu planen. Du bist ein Gott der Ordnung, und ich möchte ganz bestimmt, dass sich das auch in meinem Leben widerspiegelt. Hilf mir beim Planen. Ich möchte ein zielstrebiges Leben führen – ein Leben, das nach deinen Zielen strebt, Herr. Zeige mir, wie ich ein ausgewogenes Leben führen kann – mit Maß und Weisheit. Amen.

Aktiv werden

Schreiben Sie drei Dinge auf, die Sie für den heutigen Tag planen, um Ihr Leben erfolgreich zu machen. Beschränken Sie sich dabei nicht auf finanzielle Dinge.

Ihre Gedanken

Geschenke in einem Karton

Gott aber sei Dank für seine unaussprechliche Gabe!
(2. Korinther 9,15; LU)

Ich habe eine liebe Freundin, die in Arizona lebt, und wir tauschen seit über zwanzig Jahren Geschenke in demselben Karton aus. Das Porto kostet mehr als doppelt so viel wie der Inhalt des Kartons, der allmählich auseinanderfällt. Der Postbeamte hätte gern, dass wir mit einem neuen Karton weitermachen, aber wir sträuben uns dagegen, weil das genau unser Ding füreinander ist.

Es ist erstaunlich, wie aufgeregt ich bin, wenn dieser schäbige, abgenutzte Karton eintrifft, den nur noch jede Menge Paketband zusammenhält. Der Anblick des Kartons begeistert mich, weil er für mich eine besondere Bedeutung hat.

So ist es auch bei unserem Glauben. Als Gott seinen Sohn für uns sandte, kam er in einen ganz einfachen Stall, aber darin lagen viele herrliche Geschenke für uns bereit. Es begann in einer armseligen Krippe, aber daraus entfalteten sich große Geschenke:

1. *Vergebung unserer Sünden.* „Seine Gnade ist so groß, dass er unsere Freiheit mit dem Blut seines Sohnes erkauft hat, sodass uns unsere Sünden vergeben sind." (Epheser 1,7)
2. *Der Heilige Geist lehrt uns.* „Der Tröster, der Heilige Geist ... wird euch alles lehren und euch an alles erinnern, was ich euch gesagt habe." (Johannes 14,26, LU)
3. *Ewiges Leben.* „Es gibt viele Wohnungen im Haus meines Vaters, und ich gehe voraus, um euch einen Platz vorzubereiten. Wenn es nicht so wäre, hätte ich es euch dann so gesagt?" (Johannes 14,2)
4. *Die allergrößte Liebe.* „Ich habe euch genauso geliebt, wie der Vater mich geliebt hat. Bleibt in meiner Liebe." (Johannes 15,9)

Ja, Gott gab uns reiche Geschenke, als er seinen Sohn auf die Erde schickte. Durch seine Gnade und Barmherzigkeit können wir seinen Frieden erfahren. Die Welt möchte seine Gnade kaufen, während wir sie umsonst erhalten, da wir seine Kinder sind. Jesus bezahlte aber am Kreuz mit seinem Leben dafür.

Vater Gott, ich danke dir für das Geschenk der Erlösung. Deine Gabe schenkt mir Leben und Sinn und Ewigkeit. Hilf mir, eine Frau zu sein, die in allen Dingen dich preist und dir dankt. Ich möchte deine köstliche Gnade immer sofort anerkennen. Und schaffe in mir den Wunsch, meinen Freundinnen und Bekannten von diesem großen Geschenk zu erzählen. Dabei will ich mir keine Sorgen machen, ob ich die Dinge perfekt vermitteln kann, damit die schlichte, lebensverändernde Kraft deines Geschenks das Wichtigste bleibt. Amen.

Aktiv werden

Machen Sie heute einer Freundin ein Geschenk. Es könnte etwas so Einfaches sein wie ein Telefonanruf.

Ihre Gedanken

Ausharren bedeutet, geduldig durchzuhalten

Und durch die Geduld werdet ihr bis zum Ende durchhalten,
denn dann wird euer Glaube zur vollen Reife gelangen
und vollkommen sein und nichts wird euch fehlen.
(JAKOBUS 1,4)

Als Christ auszuharren bedeutet geduldig durchzuhalten. Wenn wir mit Geduld ausharren, ist das ein Ausdruck unserer Fähigkeit, gelassen und ohne Murren treu zu bleiben. Das kann eine Herausforderung sein, doch mit der Übung kann es in jeder Prüfung oder Anfechtung des Lebens unsere erste Reaktion werden.

„Hingabe" und „Disziplin" sind keine Worte, die „der Welt" gefallen. Menschen des 21. Jahrhunderts hätten gern, dass alles sich gut anfühlt – das Ausharren fühlt sich aber nicht immer gut an. Besser gesagt: sehr oft fühlt es sich nicht gut an. Manchmal schmerzt es und verlangt Selbstverleugnung. Unsere Familie machte einmal einen Skiurlaub am Lake Tahoe. Einige von uns mussten das Skifahren erst noch lernen, also belegten wir einen Skikurs für Anfänger. Das sollte doch leicht sein, oder? Nun, nach dem ersten Tag hatten wir alle Muskelkater und wollten aufgeben. Kein Wunder, dass wir gern das Schiff wechseln wollen, wenn Gott uns aufruft, die Wellen einer wichtigen Lebensprüfung durchzustehen!

Ich muss gestehen, dass unser Muskelkater am Ende der Woche verschwunden war und wir Ski fahren konnten, ohne ständig hinzufallen. Aber es macht doch nachdenklich, wie sehr uns schon etwas so Einfaches (wie das Skifahren) beunruhigen kann, obwohl es nur ein kleines Maß an geduldiger Mühe erfordert.

Auch wenn wir von Natur aus eher gelassen sind, verspüren wir normalerweise den Drang, schwierige Situationen so rasch wie möglich zu lösen. Bringen wir die Sache hinter uns, dann sind wir sie los! Vielleicht werden wir aufgefordert, unsere eigenen Bestrebungen und Träume zu verleugnen, während wir auf den Herrn harren und abwarten, wie unser Leben sich weiter entfaltet. In dieser Hinsicht hält die Bibel einige wertvolle Lektionen für uns bereit. Wir sollen ausharren

- *im Gebet (siehe Epheser 6,18);*
- *im Gehorsam (siehe Offenbarung 14,12);*
- *in Selbstbeherrschung (siehe 2. Petrus 1,5-7)*

Ausharren kann unbequem sein. Ja. Aber es kann auch ein Akt der geistlichen Disziplin werden, der großen Lohn mit sich bringt. Steigen Sie aus dem Wartespiel nicht aus. Bitten Sie Gott um Hilfe, damit Sie treu beten und aufmerksam zuhören können, um seiner Führung zu folgen oder Selbstbeherrschung zu üben. Er wird Sie dabei nie alleinlassen.

Gott, hilf mir in den Schwierigkeiten des Lebens, auf dich zu warten, um zu sehen, was du mich lehren willst. Ich möchte so gern eine gute Schülerin des Lebens werden und bis zum Ende durchhalten. Hilf mir, mich auf diesem Weg nicht ablenken zu lassen. Amen.

Aktiv werden

Überlegen Sie, in welchem Bereich es Ihnen im Moment am schwersten fällt, geduldig auszuharren. Fällt es Ihnen schwer, kontinuierlich zu beten? Neigen Sie dazu, die Dinge lieber auf Ihre Weise zu tun, statt auf Gottes Führung zu warten, damit Sie gehorsam sein können? Oder neigen Sie dazu, Grenzen zu überschreiten und Freiräume auszudehnen, statt Selbstbeherrschung zu üben?

Ihre Gedanken

Den Lebensstil
des verheißenen Landes praktizieren

Ich sage dir: Sei stark und mutig!
Hab keine Angst und verzweifle nicht.
Denn ich, der Herr, dein Gott, bin bei dir, wohin du auch gehst.
(JOSUA 1,9)

Bevor die Israeliten in das verheißene Land einziehen konnten, mussten sie den Jordan überqueren. Bevor sie Gottes Verheißungen in Empfang nehmen konnten, mussten sie ihm vertrauen und sich durch den Fluss wagen. Sie mussten glauben, dass das, was sie taten, in seinem Willen war und dazu führen würde, dass sie die Erfüllung seiner Zusagen erfahren würden.

Es kann leicht geschehen, dass wir in der Bibel solche Beispiele des Glaubensmutes lesen, sie aber nicht mit unserem eigenen Leben in Verbindung bringen. Nicht viele von uns werden herausgefordert, das eigene Leben zu riskieren und in tosende Wasser zu steigen, um im Glauben voranzugehen und Gottes Verheißungen zu erfahren! Tatsache ist aber, dass auch Sie und ich Momente erleben, in denen wir den Mut brauchen, auf die andere Seite hinüberzugehen.

Diejenigen von uns, die an Christus glauben, haben Augenblicke erlebt, in denen dem wir die Entscheidung treffen mussten, ob wir im Glauben den Sprung in eine Situation, eine Entscheidung oder eine Alternative wagen und auf die andere Seite wechseln. Wir hatten die Gelegenheit, zu den Anforderungen Gottes Ja oder Nein zu sagen, indem wir das uns vertraute Leben riskierten, um seine Verheißungen zu erlangen.

Geschieht in Ihrem Leben gerade etwas, das Sie herausfordert? Der Jordan ist ein Bild für das, was wir in unserem Leben tun müssen. Den Fluss zu überqueren bedeutet, dass wir einige unserer vertrauten Gewohnheiten loslassen müssen. Manchmal bedeutet es sogar, dass wir falsche Überzeugungen loslassen müssen. Es kann schwierig sein, sich auf Änderungen einzulassen, und wenn wir uns von alten Gewohnheiten oder auch vergangenen Erwartungen verabschieden müssen, kann das die hartnäckige Seite in uns zum Vorschein bringen. Es gibt einen Teil von uns, der festhalten möchte, was uns vertraut ist und worin wir uns sicher fühlen. Aber Gott ermuntert uns weiterzugehen, mehr zu erhoffen und mutig auf seine Verheißungen zu warten.

Der heutige Vers zeigt uns, wie wir die Verheißungen empfangen, die auf der anderen Seite des Jordans auf uns warten. Seien Sie stark und mutig. Und spüren Sie Gottes Gegenwart, während Sie im Glauben vorwärtsgehen.

> Vater Gott, ich weiß, dass du mir sehr viele Verheißungen gegeben hast, wenn ich dich annehme und diese Zusagen für mein Leben und das Leben meiner Familie in Anspruch nehme. Ich kann auf dich und deine Führung warten, weil ich dir vertraue. Ich weiß, dass ich jeder Herausforderung, die sich mir stellt, in deiner Kraft begegne. Amen.

Aktiv werden

Beten Sie für Ihre persönliche „Jordan-Erfahrung". Spüren Sie Gottes Gegenwart, während Sie diesen Weg gehen. Und überlegen Sie, was Sie loslassen müssen, damit Sie Gottes Verheißungen empfangen können.

Ihre Gedanken

Gehen Sie Ihren Weg unbeirrt

Niemand soll dich gering schätzen, nur weil du jung bist.
Sei allen Gläubigen ein Vorbild in dem, was du lehrst, wie du lebst,
in der Liebe, im Glauben und in der Reinheit.
(1. TIMOTHEUS 4,12)

Ob wir es wollen oder nicht: Die Art und Weise, wie wir handeln, sprechen und mit Menschen umgehen, ist für andere ein Beispiel. Die Frage ist nur, ob es ein Beispiel für das ist, was man tun *sollte* oder was man *nicht* tun sollte! Einige Entscheidungen erfordern zwar etwas mehr Zeit, um darüber zu beten und sie zu prüfen, aber es gibt Dinge, bei denen wir ohne jeden Zweifel wissen können, welche Entscheidung richtig ist, um Freunden, Familienmitgliedern oder Fremden ein gutes Beispiel zu geben.

Unser heutiger Vers bietet uns die Weisheit und Orientierung, die wir brauchen, um genau das zu tun. Und dieser Rat gilt nicht nur jungen Menschen! Wenn wir die Anweisung befolgen, die Paulus Timotheus gibt, ehren und dienen wir Gott in diesen Bereichen:

* *Redeweise.* Kontrollieren Sie, was Sie sagen. Konzentrieren Sie sich auf das Positive und meiden Sie das Negative. Bauen Sie andere Menschen auf. Bedenken Sie, wie sehr Ihre Worte verletzen oder ermutigen können. Und lassen Sie nicht zu, dass Ihre inneren Selbstgespräche Ihren Wert als Kind Gottes untergraben.
* *Verhalten.* Machen Sie es sich zum Ziel, eine Frau mit Integrität und Aufrichtigkeit zu sein, die andere Menschen in Wort und Tat respektiert. Sehen Sie anderen in die Augen, achten Sie auf gute Manieren und zeigen Sie Mitgefühl und Verständnis.
* *Liebe.* Wir sollen Gott und die Menschen, denen wir begegnen, lieben. Andere können Gottes Liebe entdecken, wenn sie einem menschlichen Ausdruck seiner Gnade begeg-

nen. Seien Sie selbst ein solches Beispiel seiner Gnade und Barmherzigkeit.

* *Glaube.* Handeln Sie, um anderen Menschen zu gefallen oder um Gott zu gefallen? Wer den Glauben in die Tat umsetzt, ändert Menschenleben. Denken Sie darüber nach, wie Sie Ihren Glauben leben (oder nicht leben) und was Sie tun könnten, um die Frucht Ihrer Beziehung zu Christus mit anderen Menschen zu teilen.

* *Reinheit.* Achten Sie in Ihrem Leben auf Ehre und geistliche Integrität, indem Sie jeden Tratsch, sexuelle Unreinheiten, negative Gedanken und betrügerisches Verhalten unterlassen. Die Welt braucht wirklich Vorbilder der Reinheit.

Unser Verhalten bezeugt anschaulich, wer Gott ist und dass wir ihn lieben. Wenn Sie die konkreten Bereiche dieser Unterweisung täglich im Blick behalten, werden Sie daran erinnert, was aus Gottes Sicht das Beste für Sie ist und wie Sie anderen Menschen Gott zeigen können.

> Herr, lass mich in dieser Woche jeden dieser Bereiche in meinem Leben überprüfen und zeige mir, wo ich Schwächen habe. Gib mir den Wunsch, in jedem Bereich die nötigen Änderungen vorzunehmen, und hilf mir dabei. Amen.

Aktiv werden

In welchen Bereichen Ihres Lebens sind Verbesserungen nötig? Prüfen Sie sich heute in jedem dieser Aspekte.

Ihre Gedanken

Jesus nachahmen

Da ich weiß, dass es für Christus geschieht,
bin ich mit meinen Schwächen, Entbehrungen, Schwierigkeiten,
Verfolgungen und Beschimpfungen versöhnt.
Denn wenn ich schwach bin, bin ich stark.
(2. KORINTHER 12,10)

In einer Welt voller Menschen, die ständig um ihr Selbstwertgefühl kreisen, verliert man leicht aus dem Blick, was es heißt, demütig zu sein. Wie kommen wir zu einem gesunden Selbstwertgefühl (ein Wort, das ich nicht mag) und zu echter Demut? Da die Bibel klar sagt, dass wir nichts aus selbstsüchtigen Bestrebungen tun sollen – wir sollen andere höher achten als uns selbst –, müssen wir einige Prioritäten neu ordnen. Wenn wir andere höher achten als uns selbst, wie können wir uns dann ein Bewusstsein unseres Wertes und unserer Stärke bewahren? Wir tun es, indem wir wissen, dass unsere Schwachheit, unsere Demut und unser Dienst für andere Menschen Gottes Kraft zum Ausdruck bringen.

Unser Wert liegt ganz in Gottes Liebe und Gnade begründet, und nicht in irgendetwas, das wir selbst leisten oder aus uns heraus sein könnten. Machen wir eine kleine Übung, um dieser Idee nachzugehen.

Bewerten Sie zuerst Ihre eigenen Fähigkeiten und schreiben Sie sie auf. Notieren Sie zu jeder Fähigkeit mindestens fünf Stärken und fünf Schwächen. Welche Pläne haben Sie, um Ihre Schwächen in Stärken zu verwandeln?

Zählen Sie dann drei Bereiche auf, in denen Sie bereit sind, sich zu engagieren. Melden Sie sich in diesem Monat freiwillig, um in einem dieser Bereiche einen Dienst zu tun. Was Dienst mit Demut zu tun hat? Nun, Demut hat drei Elemente, die zum Tragen kommen und gestärkt werden, wenn wir uns wirklich engagieren, um anderen zu dienen:

1. *Echte Demut erkennt, dass wir Gott brauchen.*
2. *Echte Demut schätzt eigene Fähigkeiten realistisch ein.*
3. *Ein wahrhaft demütiger Mensch ist immer bereit zu dienen.*

Anderen Menschen zu dienen ist ein Rezept für Demut und eine gute geistige, körperliche und geistliche Gesundheit.

Herr, ich bin in meinem Leben an einem Punkt, wo ich dir ähnlicher sein möchte. Ich möchte beobachten, wie du anderen Menschen gedient hast, damit ich in meinem Leben auch so handeln kann. Schubse mich aus meiner Bequemlichkeitszone heraus und gib mir ein Herz für andere, das dein Herz widerspiegelt. Ich möchte das Abenteuer des Glaubens so leben, dass es anderen Menschen deine Freude bringt und dich preist. Amen.

Aktiv werden

Melden Sie sich in dieser Woche freiwillig, um eine Person oder Organisation zu unterstützen, die Hilfe braucht. Überlegen Sie, wie Sie Gottes Kraft in Ihre Bemühungen einfließen lassen können. Bewahren Sie eine demütige Haltung, während Gott durch Ihr williges Herz wirkt.

Ihre Gedanken

Warum liebe ich Gott?

Wenn sie mich doch nur immer so achteten
und jeden Tag allen meinen Geboten gehorchten!
Dann würde es ihnen und ihren Nachkommen
für immer gut gehen.
(5. Mose 5,29)

Haben Sie sich in letzter Zeit einmal gefragt: „Warum liebe ich Gott?"

Lieben Sie den Vater im Himmel, weil Sie eine persönliche Entscheidung zum Glauben getroffen haben? Oder weil Sie die Gemeinschaft in der Gemeinde schätzen und dazugehören möchten? Oder weil Ihre Eltern gläubig waren und es Ihnen wichtig war, ihrem Beispiel zu folgen?

Und so könnten wir fortfahren ... und weiter spekulieren. Nehmen Sie sich ein wenig Zeit, diese Frage ehrlich zu beantworten.

Eines Tages diskutierten Mitglieder einer kleinen Gruppe unserer Gemeinde über genau diese Frage. Wir tauschten uns über die verschiedenen Gründe aus, warum wir Christen wurden und Christen sein wollen. Ein Mann sagte: „Alles, was ich vom Herrn möchte, ist eine Feuerversicherung." Kurz gesagt war ihm die Vorstellung lieber, in den Himmel zu kommen als in der Hölle zu landen. Zumindest war er sich selbst und uns gegenüber ehrlich. Hoffentlich wird er mit der Zeit auf seinem Weg mit dem Herrn wachsen.

Sein Kommentar warf in mir die Frage auf, wie viele Menschen wohl ihren Glauben an Gott eher als Sicherheitsnetz betrachten, statt als Entscheidung für eine Beziehung zu ihrem Schöpfer. Ehrlich gesagt macht mich der Gedanke traurig, dass sie sich selbst um die Chance bringen, Gottes Liebe und verwandelnde Gnade in der ganzen Fülle zu erfahren. Gott ist tatsächlich ein sicherer Hafen, aber er hatte nie die Absicht, nur unser Sicherheitsnetz zu sein!

Statt einer inneren Bereitschaft, Gott zu folgen, führt manchmal erst der starke Einfluss schwieriger Umstände dazu, dass wir uns Gott zuwenden. Eine stärkere Prüfung in unserem Leben kann der treibende Impuls zu einer innigeren Abhängigkeit von Gott sein, sodass wir lernen, ihm mehr zu vertrauen und ihn besser kennenzulernen. Doch es wäre so viel einfacher für Sie, sich hier und jetzt seiner offenen Gnade anzuvertrauen und so die Fülle seiner Liebe zu erfassen, noch bevor eine Schwierigkeit sich Ihnen in den Weg stellt.

Der Herr hat sich immer danach gesehnt, dass sein Volk ihm von Herzen gehorcht. Gott möchte nicht, dass wir ihm nur gehorchen, weil wir Angst vor den Konsequenzen des Ungehorsams oder des Unglaubens haben. Stellen Sie sich jetzt in Gottes Gegenwart und vertrauen Sie ihm mit Ihrem ganzen Leben. Diese Herzensentscheidung wird sich in Ihrem Leben in Taten niederschlagen, die nicht nur auf dem Abwägen der Vor- und Nachteile Ihres Glaubens beruhen, sondern das Ergebnis Ihrer Entscheidung sind, jetzt und für immer ganz auf die Verheißungen Gottes zu bauen.

> Vater Gott, lass meinen Gehorsam frei und ungehindert aus einem Herzen der Liebe zu dir fließen. Erforsche mich, damit ich erkenne, warum ich tue, was ich tue. Lass mein Handeln ein Ausdruck deiner Liebe sein. Amen.

Aktiv werden

Prüfen Sie, warum Sie Gott lieben. Seien Sie dabei ehrlich mit sich selbst. Sie werden nie im Herrn wachsen, solange Sie nicht in aufrichtiger Absicht zu ihm kommen.

Ihre Gedanken

Ängste in unserem Innern

Ich vertraue auf Gott, warum sollte ich mich fürchten?
(Psalm 56,12)

Leider sagt unsere Kultur, dass Männer alles herunterschlucken müssen und nach außen so tun sollen, als sei bei ihnen alles in bester Ordnung. Vielleicht sind sie innerlich verletzt, aber äußerlich überspielen sie den Schmerz.

Die Geschichte von König Saul schildert dieselbe Furcht. Er war ein großer Mann, ein Kämpfer und Krieger. Und er hatte viele Ängste (siehe 1. Samuel 18,29). Er stand in einer echten Auseinandersetzung mit David, um zu sehen, wer von ihnen der beste Krieger war. Weil Saul seine inneren Dämonen nie überwinden konnte, kostete es ihn schließlich das Leben, und das Leben seiner drei Söhne, seines Waffenträgers und aller seiner Männer.

Lesen Sie 1. Samuel 31,1-13. Sauls größtes Manko als König war sein Ungehorsam, der ihn schließlich für dieses Amt disqualifizierte. Wäre Saul Gott gehorsam gewesen, hätte sein Leben vielleicht zu großem Ruhm geführt, statt zu einem düsteren, tragischen Niedergang. Täglich lesen oder erleben wir den Niedergang von Leitern, prominenten Sportlern, Managern, Stars und sogar Pastoren, die ihren Versuchungen, Ängsten und Lügen erlegen sind. Natürlich kann das jedem passieren. Doch wenn der Mensch, der gescheitert ist, im Rampenlicht stand, sind andere oft sehr bemüht, herauszufinden, was diese inneren Dämonen waren und wie es zum Scheitern dieser Person kam. Die Leute entwickeln eine Sensationslust, doch dahinter steckt auch die Neugier zu verstehen, wie Menschen scheitern können, die doch offenbar alles hatten.

Die Wahrheit ist, dass ein Mensch, der in so markanter Weise scheitert, irgendwann in seiner Entwicklung die Ängste und Schwächen im Innern nicht bewältigen konnte. Vielleicht war es sogar nur eine sehr kurze Zeit in seinem Leben, in der er bereit war, die rote Linie zu überschreiten, aber mehr war nicht nötig.

Statt diese Geschichten unterhaltsam zu finden oder faszi-
niert nachzuforschen, was diese Menschen an ihren Tiefpunkt
brachte, täten wir gut daran, uns auf uns selbst zu konzentrieren.
Sind Sie Saul irgendwie ähnlich und weigern sich, Gott zu gehorchen? Handeln Sie sich durch Ihre Versuchungen und Schwächen viel Stress und Unruhe ein, weil Sie sich nicht dazu aufraf-
fen wollen, sie ganz an Gott abzugeben?

Liebe Freundin, ich mache Ihnen Mut, heute Ihr Vertrauen auf
Gott zu setzen. Geben Sie ihm *alles*. Und haben Sie keine Angst!

Vater Gott, ich weiß, dass ich keine Geheimnisse in meinem Leben vor dir verbergen
kann. Hilf mir, mich selbst zu erforschen und zu erkennen, was in meinem Leben geändert werden muss. Gib mir den Mut, alle meine Probleme dir zu übergeben. Amen.

Aktiv werden
Beurteilen Sie, welche Dinge der Grund für Ihre Ängste sind,
und forschen Sie in Gottes Wort, um seine Weisung und seinen
Trost zu finden.

Ihre Gedanken

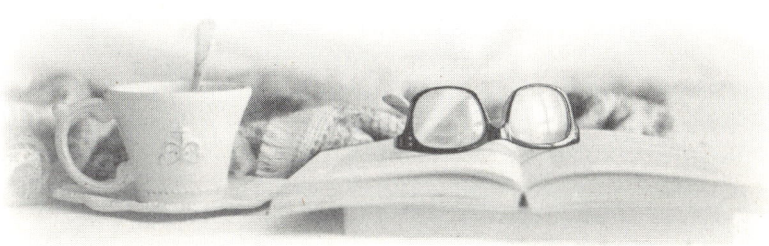

Eins werden und doch verschieden sein

„Wisst ihr nicht, was in der Schrift steht?", erwiderte Jesus. „Dort steht, dass ‚Gott am Anfang Mann und Frau schuf'. Und es heißt weiter: ‚Deshalb wird ein Mann Vater und Mutter verlassen und sich an seine Frau binden und die beiden werden zu einer Einheit.' Dann sind sie also nicht mehr zwei, sondern eins, und niemand soll sie mehr trennen, denn Gott hat sie zusammengebracht."
(MATTHÄUS 19,4-6)

Mein Mann Bob und ich waren sehr verschieden, als wir uns kennenlernten. Tatsächlich gab es wohl nicht wenige Menschen, die dachten, dass wir zu verschieden waren, um je als Ehepaar eins zu werden. Doch als ich Christin wurde, spielten die anderen Unterschiede keine entscheidende Rolle mehr. Was viele nicht wirklich erkennen, ist, dass Gott zwei Menschen in Christus eins machen kann. Hier ist eine Liste einiger unserer Unterschiede, als wir einander kennenlernten.

Emilie	Bob
Jüdin	Baptist
wohnte in einem Apartment	wohnte in einem großen Haus
kannte Jesus nicht	glaubte an Jesus als Heiland
Vater war gestorben	beide Eltern lebten noch
Mutter arbeitete	Mutter blieb zuhause
liebte ihre Steaks medium	liebte seine Steaks durchgebraten
aß gern Obst und Dampfgemüse	aß gern Fleisch, Kartoffeln und Soße
siebzehn Jahre alt	zwanzig Jahre alt
unsportlich	sportlich
ordentlich	nicht ordentlich
hatte nie ein Haustier	hatte Hunde, Katzen und Pferde
Kindheit in der Stadt	Kindheit auf einer Farm
hatte nie einen Garten	hatte immer einen Garten

Ich würde sagen, dass Gott viel Humor hat. Er machte uns verschieden, damit unser Leben das Wunder widerspiegelt, dass zwei Individuen in der Ehe eins werden. Es macht uns absolut nichts aus, ein Beispiel für Gottes erstaunliche Wunder zu sein. Welches Wunder hat Gott in Ihrem Leben getan? Und in Ihrer Ehe?

Herr, danke, dass du ein Gott bist, der zwei einzigartige Menschen in deinem Willen und durch deine Liebe zusammenbringen kann. Wenn unsere Unterschiede die Oberhand gewinnen und wir sie nur noch als trennend betrachten, erinnere uns daran, dass wir, wenn wir unsere Augen immer auf dich richten, in den wirklich entscheidenden Dingen eins sind. Amen.

Aktiv werden

Nehmen Sie sich zusammen mit Ihrem Ehemann etwas Zeit und schreiben Sie Ihre Unterschiede auf. Beachten Sie, wie Ihre Gegensätze jeweils Stärken im Vergleich zu den Schwächen Ihres Partners sind. Verschieden zu sein ist nicht unbedingt schlecht. Vielfalt ist genau das, was das Leben interessant macht.

Ihre Gedanken

Für alles eine Zeit

Alles hat seine Zeit,
alles auf dieser Welt hat seine ihm gesetzte Frist.
(PREDIGER 3,1)

Es ist schwer, im Lauf des Tages einen ruhigen Moment zu finden – einige Minuten, um sich zu entspannen und zu beten und in Gottes Gegenwart zu treten. Momente für die Stille vor Gott ergeben sich nicht rein zufällig. Wir müssen zuerst entscheiden, dass dies eine Priorität für uns ist, und dann müssen wir entschlossen daran gehen, sie in unseren Tag einzugliedern. So wie Gott unserem Leben Zeiten und Fristen gibt, so können auch wir uns Zeiten setzen, in denen wir einfach still werden vor ihm.

Vor vielen Jahren habe ich meine stille Zeit mit Gott zu einer Priorität gemacht. Und um diese Priorität beizubehalten, habe ich Termine mit Gott festgelegt und sie eingehalten. Ich habe diese Zeiten in meinen Terminkalender geschrieben und darauf geachtet, für diese Gelegenheiten genug Raum zu lassen, um Gott besser kennen zu lernen, mich auf die Dinge des Geistes einzulassen und in Gottes Gegenwart zu ruhen.

Wenn wir älter werden, fällt es etwas leichter, sich auf die inneren Dinge auszurichten. Ich merke, dass ich mir jetzt aufrichtig wünsche, Gott mit meinem Leben immer mehr zu verherrlichen. Ich möchte nicht nur mehr denn je sein Herz verstehen, sondern ich möchte auch, dass er mich mehr gebrauchen kann, und ich möchte seinen Frieden und die Stille bei ihm erfahren. Wahrscheinlich sind das Dinge, die auch Sie sich wünschen.

Die Tür zur Stille wartet für jeden von uns darauf, dass wir sie öffnen, aber sie wird nicht von allein aufgehen. Wir müssen uns entscheiden, auf die Klinke zu drücken, einzutreten und uns die Zeit zu nehmen, eine Weile zu sitzen.

Wir alle müssen lernen, für das richtige Gleichgewicht zwischen Zeiten der Stille und Ruhe und Zeiten der Geschäftigkeit unseres Alltags zu sorgen.

Im Buch Prediger denkt Salomo über die souveränen Absichten Gottes nach und kommt zu dem Schluss, dass alle Ereignisse des Lebens von der göttlichen Vorsehung bestimmt sind. Nehmen Sie sich also heute eine Zeit, still zu werden und Gott für jeden Bereich Ihres Lebens um sein göttliches Timing und seine Führung zu bitten.

Vater Gott, es fällt mir schwer, mir Auszeiten zu nehmen. Ich brauche nicht nur Zeiten der Stille zur körperlichen Erfrischung, sondern auch Zeiten des Friedens und der Ruhe für meine Seele. Gib mir den Wunsch, beides zu tun. Ich setze mir das Ziel, ein ausgewogenes Leben zu führen. Amen.

Aktiv werden
Planen Sie heute eine Zeit ein, in der Sie eine „stille Zeit" mit Gott haben können – und keine Entschuldigungen, bitte.

Ihre Gedanken

Wo bist du, Gott?

Verbirg dein Angesicht nicht vor deinem Diener,
denn mir ist bange, erhöre mich bald.
Sei mir nah, erlöse mich, um meiner Feinde willen befreie mich.
(PSALM 69,18-19)

Der Psalmist David ist wie viele von uns. Wir beten, wenn wir in tiefen Problemen stecken. Wir bitten Gott inständig, unsere Gebete rasch zu erhören. Wir wenden uns an ihn, wenn unsere menschlichen Bemühungen vergebens waren oder uns in noch größere Schwierigkeiten gebracht haben. Unser Problem ist vielleicht seit Jahren angewachsen und hat nun einen kritischen Punkt erreicht, aber trotzdem wollen wir, dass Gott das ganze Problem auf der Stelle löst! Nicht morgen, sondern jetzt gleich – und bitte schnell. Haben Sie selbst schon mit solcher Dringlichkeit gebetet?

Hier ist die gute Nachricht: Gott wird uns retten – allerdings in seiner Zeit und nicht immer in dem Tempo, das wir uns wünschen. Gott gibt uns drei mögliche Antworten: „Ja", „Nein" und „Vielleicht – später". Das bedeutet, dass wir mehr Geduld und Einsicht lernen müssen. Und wenn wir ehrlich sind, ist die Sache für viele von uns überhaupt erst so dringlich geworden, weil wir von vornherein nicht geduldig und einsichtig waren. Deshalb könnte unsere Lernkurve am Anfang ziemlich steil ansteigen.

Ja, es erfordert Arbeit, Ruhe und das Vertrauen, auf den Herrn zu hoffen.

Ich habe Gottes liebevolle Geduld mit mir in all diesen Jahren sehr schätzen gelernt. Ich erinnere mich zum Beispiel an meine Enttäuschung, als ein Haus, das mir sehr zusagte, nicht unser Zuhause wurde. Aus irgendeinem Grund kam der Kauf nicht zustande. Doch mit dieser Unterbrechung unserer Pläne wurden wir frei, unsere Suche nach dem perfekten Zuhause fortzusetzen. Das Erstaunliche ist, dass das Haus, das wir am Ende kauften, viel besser war als dasjenige, das wir nicht bekamen. Ja, ich war in dieser Zeit ungeduldig und wollte voreilig entscheiden. Aber Gott beantwortete meine Gebete um das richtige Haus für uns mit einem kräftigen „Ja" – ein Haus, das wir ihm weihen wollten, um in und mit diesem Haus dem Herrn zu dienen. Mitten im Prozess der Haussuche kam ich nicht mehr mit. Ich hatte Angst, dass Gott „Nein" sagen würde, aber er wollte nur, dass ich auf sein grünes Licht warte.

Seit dieser Phase in meinem Leben habe ich entdeckt, dass ich umso besser erkenne, wie Gott meine Gebete beantwortet, je mehr ich treu meine stille Zeit mit Gott einhalte. So kann ich ihn und seine Antwort auf meine Sehnsüchte und Bedürfnisse verstehen.

Liebe Freundin, während Sie kostbare Zeit mit Gott verbringen, werden Sie merken, dass er einen starken Wunsch in Ihre Seele legt, jeden Tag zu ihm zu kommen, um in seiner Gegenwart zu sein. Ich möchte als eine Person des „Seins" bekannt sein, und nicht als eine Frau des „Tuns". Und Sie?

> Herr, lass mich bereit sein, deiner Zeitplanung zu folgen und nicht meiner. Ich muss öfter tief Atem schöpfen, statt nach Luft zu schnappen, weil ich zu schnell gerannt bin. Zeige mir, wie ich in deiner Gegenwart „sein" kann, und gib mir eine neue Ebene der Geduld, um voller Hoffnung und Glauben auf deine Führung zu warten. Amen.

Aktiv werden

Nehmen Sie sich einen Moment Zeit, um an eine Situation zurückzudenken, in der Sie auf eine Gebetserhörung warten mussten. Überlegen Sie dann, welche Eigenschaft Sie in dieser Wartezeit gelernt haben. Inwiefern könnte das ein Teil der Antwort Gottes gewesen sein?

Ihre Gedanken

„Ich will" zu Gott sagen

In allem sagt Dank; das ist der Wille Gottes,
in Christus Jesus, für euch.
(1. THESSALONICHER 5,18)

Viele Gläubige forschen ständig nach dem „Willen Gottes" für ihr Leben. Jede anstehende Entscheidung lähmt sie, und ständig fragen sie, ob er ihnen wohl dieses oder jenes erlauben wird. Jemand sagte einmal zu mir: „Am besten erkennen wir Gottes Willen, wenn wir „ich will" zu ihm sagen." Das gefällt mir sehr.

Als Bob vor längerer Zeit eine Stelle in Riverside in Kalifornien annahm, habe ich in der ersten Zeit – mir scheint, es waren sogar sechs Jahre – oft geweint. Riverside war kein unangenehmer Ort, aber es war nicht mein Herzenswunsch gewesen, dort zu leben. Ich konnte mir einfach nicht vorstellen, in dieser Stadt zu wohnen und unser Leben zu gestalten. Da es also nicht in meine Vorstellungen passte, reagierte ich am Anfang mit Traurigkeit. Ich denke, ich habe sogar getrauert.

So wie eine Blume erblühen kann, wenn sie gepflanzt wurde, kann Ihr Herz in Gottes Liebe aufblühen, ganz gleich an welchem Ort und auf welcher Wegstrecke Ihres Lebens Sie sich befinden. Oft lässt Gott zu oder gibt uns sogar den Anstoß, in einer Gegend zu leben und zu arbeiten, die wir selbst uns nie ausgesucht hätten.

Ich habe gelernt, dankbar für jeden Ort zu sein, an dem Bob und ich leben. Und ich habe herausgefunden, wie ich auf Aspekte unseres Lebens achten kann, die wir feiern können. Man kann nicht gut traurig oder enttäuscht sein, wenn das Herz bereit ist zu loben und zu danken! Haben Sie das auch schon festgestellt?

Wenn wir heute zurückschauen, erkennen wir beide, dass Gott einen Plan für unser Leben hatte. Wir wären heute nicht die Menschen, die wir sind, wenn wir in all diesen Jahren nicht in einer Stadt gelebt hätten, die wir uns als Heimat kaum hätten vorstellen können. Gott pflanzte uns an diesen Ort, und wir blühten auf. Dasselbe wird er auch in Ihrem Leben tun, ganz gleich, wo Sie sind und in welcher Lebensphase Sie stecken. Halten Sie an dieser Wahrheit fest. Besonders wenn Sie dazu neigen, die Frage nach dem „Willen Gottes" schwieriger zu machen als sie es eigentlich sein sollte. Wenn wir im Glauben leben und tun, was die Bibel uns klar sagt, können wir sicher sein, dass der Herr uns durch die schwierigen Entscheidungen führen wird, wenn die Optionen unklar zu sein scheinen.

Üben Sie sich darin, „ich will" zu Gott zu sagen, damit Sie sicher sein können, in Gottes Willen zu leben!

Vater, lass meine Ohren, mein Herz und meinen Verstand offen sein für deine Führung. Gib mir Klarheit in meinen Überlegungen, wenn ich größere Entscheidungen in meinem Leben treffen muss. Ich möchte auf deine Führung hören und dir vertrauen, wohin du mich auch führen wirst. Amen.

Aktiv werden

Gott erwartet unsere Beteiligung, wenn es darum geht, „Gottes Willen" für unser Leben zu erkennen. Er gab uns einen Verstand zum Nachdenken und Beine, um Schritte zu tun.

Ihre Gedanken

Ausdauer und Ermutigung

Dies wurde vor langer Zeit aufgeschrieben,
damit wir daraus lernen. Es soll uns Hoffnung geben und ermutigen,
sodass wir geduldig auf das warten,
was Gott in der Schrift versprochen hat.
(RÖMER 15,4)

Ist Ihnen schon einmal bewusst geworden, wie gesegnet wir sind, weil wir das Wort Gottes immer zur Hand haben? Es ist für uns da, damit wir uns daran erfreuen und es in unseren Herzen und Gedanken bewegen. Wir können aus den inspirierten Worten der Bibel Ermutigung und Hoffnung schöpfen. Oh, wie sehr wir diese Eigenschaften doch in unserer christlichen Erfahrung brauchen! Es tut gut, zu wissen, was uns Kraft für unseren Glaubensweg geben kann. Und wir können uns glücklich schätzen, dass Worte, die vor so vielen Jahren aufgeschrieben wurden, dazu da sind, uns heute zu lehren, zu leiten und mit Gott in Beziehung zu bringen.

Die Bibel hält für uns bereit, was wir heute und in Zukunft wissen müssen. Wir können sie lesen und über jede neue Offenbarung staunen, die wir darin finden. Es erstaunt mich immer wieder, wie ich aus einem Abschnitt, den ich schon hundertmal gelesen habe, frische Einsichten gewinne. Das ist ein Grund, warum wir täglich in Gottes Wort lesen müssen. Wir stoßen auf immer neue Geheimisse der göttlichen Weisheit, von denen wir bisher nichts wussten. Oft sind es die aktuellen Ereignisse unseres Lebens, die uns einen Anlass oder einen Blickpunkt geben, einen bestimmten Teil des Wortes Gottes in neuem Licht zu sehen.

Machen Sie es sich zur Gewohnheit, täglich in der Bibel zu lesen, weil Sie es wollen, und nicht, weil es von Ihnen erwartet wird. Ich hoffe zwar, dass ich Sie dazu inspirieren kann, sich in Gottes Wort zu vertiefen, aber es ist Ihre eigene Motivation, die Ihnen den nötigen Impuls für diesen wichtigen Teil Ihrer Beziehung zu Gott geben wird. Der persönliche Wunsch, in der Bibel zu lesen, wird Ihnen auch gerade an solchen Tagen helfen, an denen Sie sich niedergeschlagen fühlen und wenig Ausdauer, Ermutigung oder Hoffnung verspüren. An solchen Tagen, meine Freundin, wenn Sie fast aufgeben wollen oder im Begriff stehen, Ihre Zeit mit Gott auszulassen: Halten Sie durch! Seien Sie treu. Gottes Wort bleibt bestehen und wird so viel Weisheit und Staunen in Ihr Leben bringen ... und diese rauen Tag mit großer Freude aufwiegen.

Vielleicht kann der heutige Vers Sie ermutigen, den Funken Ihrer ersten Liebe zur Bibel neu zu entfachen. Machen Sie heute einen neuen Anfang. Lassen Sie sich durch Christus aufrichten, der am Kreuz zu unserer Erlösung erhöht wurde.

Vater Gott, gib mir ein Herz, eine Seele und einen Verstand, die empfänglich sind für alles, was du mich durch dein Wort neu lehren willst. Ich möchte eine Frau sein, die andere ermutigt. Gib mir einen Hunger nach deiner Botschaft und nach deinen Absichten für mein Leben, damit ich mit Gewissheit und Zuversicht leben und handeln kann. Amen.

Aktiv werden

Jeder Christ sollte über das Leben begeistert sein und diesen Enthusiasmus dann weitergeben. Überlegen Sie, welche Person in Ihrem Leben in dieser Woche Ermutigung braucht, und setzen Sie diese Absicht in die Tat um. Sie werden entdecken, wie Gott Ihre Bereitwilligkeit gebrauchen kann, um andere Menschen aufzumuntern oder zu trösten.

Ihre Gedanken

Der Sinn des Lebens

Es gibt nichts Besseres für den Menschen,
als sich an dem zu freuen, was er isst und trinkt,
und das Leben trotz aller Mühe zu genießen.
Doch ich erkannte, dass auch das ein Geschenk Gottes ist.
(PREDIGER 2,24)

In jeder Lebensphase neigen Menschen dazu, sich auf sich selbst und ihre eigenen Fähigkeiten zu verlassen. Sie jagen den Dingen der Welt nach, die ihnen Status, Prestige, Macht und Einfluss versprechen. König Salomo war ein Mann, der all das hatte, aber er war weise und nahm sich die Zeit, über solche Bestrebungen nachzudenken, und stellte fest, dass nichts von alledem wichtig war. Im Buch Prediger geht er auf die Frage ein, die jede Generation stellt: „Was ist der Sinn des Lebens?" Er kam zu der klaren Schlussfolgerung, dass viele Dinge im Leben wirklich bedeutungslos sind; sie ergeben einfach keinen Sinn und bringen keine Erfüllung. Am Schluss gelangte er an einen Punkt, an dem er sagte: „Ohne Gott ist alles im Leben sinnlos." Nur Gott gibt unserem Leben Reichtum und Bedeutung.

Als Einzelne, als Eltern oder sogar als Großeltern müssen wir uns mit dem Leben auseinandersetzen und dieselbe Frage stellen. Hoffentlich kommen wir zu demselben Schluss. Eines Tages werden unsere Kinder oder Enkel zu uns kommen und dieselbe Frage stellen. Was werden Sie antworten? Nutzen Sie die Weisheit Salomos, um Ihre Antwort zu formulieren. Nur ein Leben, in dem Gott im Mittelpunkt steht, ist wirklich von Bedeutung, Sinn und Freude erfüllt.

Vielleicht ist das ein Grund, warum Jesus Zeit mit Kindern verbrachte. Er wusste, dass sie nicht alle Antworten kannten und begierig auf seine Weisheit hören würden. Wenn wir älter werden, kommen wir oft mit vorgefassten Meinungen, eigenen Regeln oder sogar einer trügerischen Ansammlungen von Halbwahrheiten zu ihm, die wir für Glaubensüberzeugungen halten.

Seien wir doch bereit, mit einem kindlichen Glauben und mit der Offenheit eines Kindes zu Jesus zu kommen – eifrig darauf bedacht, von unserem Herrn zu lernen; begeistert, uns von seiner Liebe erfüllen zu lassen; und von dem Wunsch beseelt, mit offenem Verstand und willigem Herzen zu seinen Füßen zu sitzen.

Herr, eine Frau kann nichts Besseres tun, als zu essen, zu trinken und in ihrer Arbeit Erfüllung zu finden. Ich erkenne, dass auch das aus Gottes Hand kommt, denn wer kann ohne ihn essen, trinken und Erfüllung finden? Amen.

Aktiv werden
Wenn Sie den Sinn des Lebens noch nicht gefunden haben, fangen Sie heute an, darüber nachzudenken. Lesen Sie zuerst das Buch Prediger im Alten Testament.

Ihre Gedanken

- -

- -

- -

- -

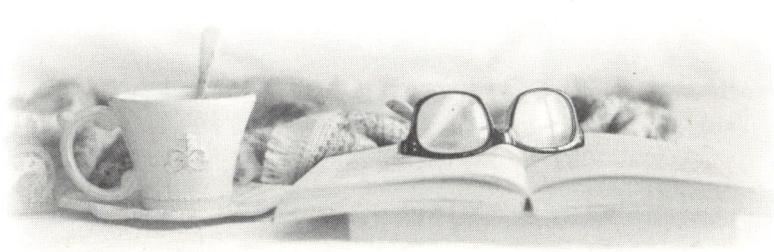

Was haben Sie in der Hand?

Da fragte der Herr ihn: „Was hast du da in der Hand?"
„Einen Hirtenstab", antwortete Mose.
(2. MOSE 4,2)

Im zweiten Buch Mose lesen wir im dritten und vierten Kapitel von der Begegnung zwischen Mose und Gott. Es ist eine großartige Geschichte, die schildert, wie Gott gewöhnliche Menschen gebraucht, um Außergewöhnliches zu tun. In diesem Abschnitt sehen wir, dass Mose in dem Stab, den er in Händen hielt, nur ein Stück Holz sah. Gott aber wollte Mose die Gelegenheit geben, zu sehen, was seine göttliche Macht tun konnte. Mose sollte über das Augenscheinliche hinausblicken und sehen, wie Gott ein totes Stück Holz nehmen und in eine lebendige Gestalt verwandeln kann – in diesem Fall in eine Schlange.

Gott zeigte Mose, dass er nicht mehr brauchte als das, was er in der Hand hatte, um das Werkzeug zu sein, durch das Gott die Sklaven aus Ägypten befreien und in das verheißene Land führen würde. Nach 400 Jahren der Gefangenschaft würde Gott sein Volk befreien, und Mose war der Mann, durch den er dies tun wollte. Doch zuerst musste Gott sicherstellen, dass Mose fähig war, seiner Führung zu gehorchen.

Wie so viele von uns hatte Mose kein Selbstvertrauen. Gott wollte Mose zeigen, dass er nicht mehr vorzuweisen brauchte als das, was er schon in der Hand hatte. Nicht mehr und nicht weniger war nötig, damit Gott ihn leiten und durch ihn wirken konnte. Zuerst hielt Mose Gott hin, indem er alle möglichen Entschuldigungen vorbrachte, um diese Aufgabe abzulehnen.

Auch ich habe Gott gegenüber manchmal so reagiert; Sie auch?

Wenn Gott über unsere Lebensträume mit uns spricht, neigen wir leicht dazu, alle möglichen Gründe aufzuzählen, warum wir mit diesen Träumen und dieser Hoffnung nicht weitergehen können. Wir reden uns diesen Gottestraum selbst aus. „Ich bin nicht groß genug." „Mir fehlt die nötige Bildung." „Ich bin in einer dysfunktionalen Familie aufgewachsen." „Beruflich habe ich eine sehr niedrige Stellung." „Andere sind so viel besser geeignet als ich."

Wir müssen aufhören, Gott zu erklären, warum wir dies oder jenes nicht tun können, und sollten anfangen zu glauben, dass wir mit Gottes Hilfe alles tun können. Wir müssen in Gottes Gegenwart stehen und allmählich akzeptieren, dass seine Macht und Stärke unsere einzige Quelle sind, um die Träume zu verwirklichen, die er in unser Herz gelegt hat.

Machen wir uns bewusst, dass wir bereits in Händen halten, was nötig ist, um Gottes Plan für unser Leben zu verwirklichen. Glauben Sie es, liebe Freundin. Glauben Sie es.

> Vater Gott, ich will mir bewusst machen, dass du mir schon alles gegeben hast, was ich brauche. Ich möchte mir den Blick nicht trüben lassen durch das, was ich nicht habe, sondern will auf das schauen, was du mir schon gegeben hast. Hilf mir, den Traum anzunehmen, den du für mich hast, und die Mittel zu nutzen, die du mir zur Verfügung gestellt hast, damit ich bei jedem Schritt auf diesem Weg gehorsam bin. Amen.

Aktiv werden

Betrachten Sie Ihre Hände, mit denen Sie Ihr Leben gestalten. Halten Ihre Hände das fest, was Ihrem Willen entspricht? Wenn nicht, lassen Sie los und ergreifen Sie etwas anderes.

Ihre Gedanken

Freundschaften sind heilsam

Dennoch soll es geschehen,
dass ich sie verbinden und ihre Wunden heilen werde.
Ja, Jerusalem soll wieder heil werden,
und ich will ihnen die Fülle von Frieden und Wohlstand zurückgeben.
(JEREMIA 33,6)

Mit den Jahren habe ich gemerkt, wie viel meine Freundschaften mir bedeuten. Ohne die Unterstützung, Freundlichkeit und bedingungslose Liebe dieser Menschen – nicht nur enge Freundinnen, sondern auch befreundete Ehepaare und Freunde der Familie – wäre ich nicht an den Punkt gekommen, an dem ich heute stehe. Freundschaften halten uns geistig gesund, erfüllen viele Bedürfnisse und erinnern uns an das, was wir am Leben so sehr schätzen. Ich möchte Sie einladen, einmal darüber nachzudenken, wie Sie reagieren, wenn Sie mit bestimmten Menschen zusammen sind. Respektieren Sie sie? Ermutigen diese Menschen Sie, geistlich und in Ihrer Beziehungsfähigkeit zu wachsen? Sind es Seelenverwandte, die Ihre Werte teilen? Wenn Sie auf diese Fragen mit „Ja" antworten, spüren Sie wahrscheinlich, dass diese Unterstützung positiv für Sie ist.

Wenn Sie einige dieser Fragen mit „Nein" beantworten, ist es wichtig zu prüfen, ob die Freundschaft für beide Seiten positiv ist. Wenn nicht, kann es ein guter Schritt sein, Abstand zu nehmen und die richtige Perspektive zu gewinnen. Beeinträchtigt diese Person Ihre Freude und Ihren Glauben? Rivalisiert sie mit Ihnen oder benutzt sie Worte und Taten, um Sie herabzusetzen? Freundschaften sollen wie heilsamer Balsam und wie ein Ausdruck der Liebe Gottes sein.

Während Sie sich ein genaueres Bild von Ihren Freundschaften machen, überlegen Sie auch, wie Sie selbst anderen Menschen Liebe und Heilung vermitteln. Was könnten Sie tun, um aufmerksamer auf ihre Bedürfnisse einzugehen, ihre Träume stärker zu unterstützen und sie auf ihrem Glaubensweg zu ermutigen?

Gute Freunde zu haben, die Gott treu sind, ist wichtig. Für andere eine gute Freundin zu sein, die Gott treu nachfolgt, ist wesentlich. Denken Sie darüber nach, wie Ihre Freunde für Ihre Gesundheit und Heilung beten und Sie unterstützen. Und überlegen Sie, wie Sie dasselbe tun können. Freundschaften sind lebendige und wachsende Beziehungen, die gepflegt werden müssen, um sich weiter zu entwickeln. Gott wird es Ihnen ins Herz legen, eine gute Freundin zu sein und gute Freunde für Ihr Leben zu gewinnen. Was für ein Segen!

> Herr, ich schätze die Freundschaften sehr, die ich habe. Ich freue mich darauf, neue Freunde zu gewinnen, die ermutigend und unterstützend sind. Gib mir ein großes Herz ..., ein Herz, das Raum für viele Freunde und ihre Bedürfnisse hat, damit ich für sie beten und ihnen eine loyale, liebevolle Freundin sein kann. Danke, Herr, für das Geschenk meiner Freundschaften. Amen.

Aktiv werden
Denken Sie über Ihre Freundschaften nach, um festzustellen, wer Ihre Freunde sind. Würde Ihre Mutter zustimmen? Wenn nicht, müssen Sie vielleicht einige Dinge ändern.

Ihre Gedanken

Ein Leben führen, das Spuren hinterlässt

Jesus sagte: „Kommt mit und folgt mir nach.
Ich will euch zeigen, wie man Menschen fischt!"
(MATTHÄUS 4,19)

Als Jesus seinen Jüngern den Missionsbefehl erteilte, gab er ihnen die Berufung, zu dienen. Unser heutiger Vers veranschaulicht die Direktheit und Macht der Beauftragung durch Christus.

Wir haben keinen schwachen Gott, das steht fest. Und seine Aufträge gelten nicht nur den Männern und Frauen der Bibel, sondern auch uns heute. Er ruft uns auch heute in seinen Dienst und führt uns in ein Leben voll Bedeutung, Einfluss und Liebe, das Spuren hinterlässt.

- *„Darum geht zu allen Völkern und macht sie zu Jüngern. Tauft sie im Namen des Vaters und des Sohnes und des Heiligen Geistes." (Matthäus 28,19)*
- *„So gebe ich euch nun ein neues Gebot: Liebt einander. So wie ich euch geliebt habe, sollt auch ihr einander lieben." (Johannes 13,34)*

Überall in den Evangelien finden wir Beispiele dafür, wie wir ein bedeutsames Leben führen können. Sie werden feststellen, dass Jesus uns lehrte, Folgendes zu tun, wenn wir ein Leben führen wollen, das Bedeutung hat und Spuren hinterlässt:

- *Ihm nachfolgen,*
- *lernen, studieren und lehren,*
- *uns in begeisternden Zeiten freuen,*
- *in schwierigen Zeiten ausharren,*
- *den Anweisungen Jesu gehorchen,*
- *durch Gehorsam Segen empfangen.*

Wenn wir ein bedeutsames Leben führen wollen, das für die Menschen, die uns folgen, Spuren hinterlässt, müssen wir bereit sein, Bequemlichkeit durch Gehorsam zu ersetzen.

- *„Ja, aber gesegnet sind alle, die das Wort Gottes hören und danach leben." (Lukas 11,28)*
- *„Wenn ihr mich liebt, werdet ihr meine Gebote halten." (Johannes 14,15)*
- *„Es reicht also nicht aus, das Gesetz nur zu kennen, um vor Gott anerkannt zu sein. Sondern nur wer so handelt, wie es das Gesetz verlangt, wird in Gottes Augen für gerecht erklärt." (Römer 2,13)*

Glauben Sie, dass Gott Ihr Leben gebrauchen kann, um etwas Bedeutsames zu tun! Ein williges Herz ist alles, was Gott braucht, damit Sie ein sinnerfülltes Leben führen können.

Vater Gott, hilf mir, mein Leben zu überprüfen und zu erkennen, ob ich auf dem richtigen Weg bin, um ein sinnerfülltes und bedeutsames Leben zu führen. Lass mich bereit sein, alle Dinge abzulegen, die diesen Weg beeinträchtigen. Amen.

Aktiv werden
Folgen Sie der richtigen Person? Wenn nicht, ändern Sie Ihren Kurs.

Ihre Gedanken

Sieg über Angst und Zweifel

Denn wir leben im Glauben und nicht im Schauen.
(2. KORINTHER 5,7)

Jemand sagte einmal, dass Angst das Gegenteil von Glauben ist. Je älter ich werde und je mehr ich Menschen beobachte, desto mehr glaube ich das. In meinem eigenen Leben beobachte ich, wie mein Glaube durch die Hintertür verschwindet, sobald in einer Situation Angst auftaucht. Angst und Glaube sind wie Wasser und Öl, die keine Verbindung eingehen.

Jesus lehrte seine Jünger, welche Macht der Glaube über die Angst hat. Hier sind einige Beispiele:

- *Matthäus 14,25 – Jesus ging auf dem Wasser.*
- *Markus 6,48 – Jesus ging schneller als seine Jünger rudern konnten.*
- *Matthäus 14,29 – Petrus überwand seine Angst, auf dem Wasser zu gehen.*
- *Markus 6,51 – Jesus stieg in das Boot und sofort legte sich der Wind.*
- *Johannes 6,21 – Jesus stieg in das Boot und sofort war das Boot am Ufer.*

Oft werden wir ängstlich, wenn wir nur auf unsere Situation schauen, statt auf Gottes Fürsorge zu vertrauen. Petrus ist ein hervorragendes Beispiel dafür, wie wir Schwierigkeiten bewältigen – *ohne* uns damit zu beschäftigen:

- *Wir sollen unsere Augen auf Jesus richten. (Hebräer 12,2)*
- *Wir sollen Gottes Gebote befolgen. (Matthäus 14,29)*
- *Petrus verlor den richtigen Fokus und wurde ängstlich. (Matthäus 14,30a)*
- *Petrus ließ die Angst die Oberhand gewinnen. (Matthäus 14,30b)*

- *Petrus ließ seinen Glauben los. (Matthäus 14,31)*
- *Petrus konnte im Glauben weitergehen. (Matthäus 14,33)*

Ein Problem bei der Angst ist, dass sie sprunghaft ansteigen kann, selbst wenn wir stillstehen. Eigentlich steigt sie *besonders* dann an, wenn wir stillstehen. Wenn Ängste in Ihrem Leben Fuß fassen und aufkeimen, ist es an der Zeit, etwas zu unternehmen. Indem Sie in Gottes Kraft handeln, Schritte tun, beten und handeln, gewinnen Sie die Oberhand über Ihre Ängste und stärken Ihren Glauben.

Vater Gott, lass mich im Glauben ganz auf dich vertrauen, und nicht auf das, was ich sehe. Lass keine Hindernisse zu, die mich von deinem Segen für die Zukunft abhalten. Du bist stets bei mir, was immer auch geschieht. Ich möchte meinen Blick ständig auf dich richten. Amen.

Aktiv werden

Angst ist das Gegenteil von Glauben. Verwandeln Sie in dieser Woche und für die kommenden Wochen Angst in Glauben, indem Sie furchtlos der Führung Gottes für Ihr Leben folgen.

Ihre Gedanken

Ein Glaubensvermächtnis

Ich weiß, dass du dem Herrn aufrichtig vertraust,
denn du hast den Glauben deiner Mutter Eunike
und deiner Großmutter Lois.
(2. TIMOTHEUS 1,5)

Wir verwenden vielleicht viel Zeit und Gedanken darauf, Testamente und Vermächtnisse zu erstellen. Es ist weise, für die Menschen, die nach uns kommen, finanziell den Weg vorzubereiten. Bedenken wir jedoch, wie viel wichtiger es ist, uns um das Glaubensvermächtnis zu kümmern, das wir anderen weitergeben. Es wird entweder gut und positiv oder schlecht und negativ sein. Unsere Erben werden darüber nachdenken, welchen Einfluss wir auf ihr Leben hatten. Paulus schreibt einen zweiten Brief an seinen Freund Timotheus und fordert ihn auf, an den Einfluss zu denken, den seine Mutter und seine Großmutter auf sein Leben hatten. Der Apostel ermutigt Timotheus, sich auf vergangene, gegenwärtige und zukünftige Aspekte seines Vermächtnisses zu konzentrieren. Paulus möchte, dass Timotheus – und wir – die „Flamme" des Glaubens an Gott entfacht. Wir müssen uns bewusst machen, dass Gott uns nicht einen Geist der Ängstlichkeit (Feigheit) gegeben hat, sondern einen Geist der Kraft, der Liebe und der Selbstbeherrschung.

Der zweite Teil des Vermächtnisses, für das Paulus eintritt, besteht darin, dem Plan zu folgen, den Gott uns gegeben hat. Der Apostel warnte Timotheus, dass er manchmal vielleicht Leid zu erwarten hatte, weil er das Evangelium verkündete. Doch er betonte, dass Timotheus sich nicht schämen solle, sondern zuversichtlich darauf vertrauen solle, dass Jesus bewahren konnte, was er ihm anvertraut hatte, einschließlich der Menschen, die an Christus glauben würden. Auch für uns ist es wesentlich, darauf zu vertrauen.

Ein weiterer Aspekt im Blick auf unser Glaubensvermächtnis ist, dass wir unser Leben an dem ausrichten, was wir erkannt haben. Paulus betonte, dass wir uns an die gesunde Lehre halten sollen, die wir von ihm erhalten haben. Wir sollen diesen Schatz des Evangeliums, das uns anvertraut wurde, durch den Heiligen Geist bewahren.

Ein letzter Aspekt, wenn wir ein lohnendes Vermächtnis entwickeln wollen, besteht darin, dass wir unser Vermächtnis auch weitergeben. Paulus forderte Timotheus auf, diese Wahrheit „an Menschen [weiterzugeben], die vertrauenswürdig und fähig sind, andere zu lehren" (2. Timotheus 2,2). Wenn Sie Kinder haben, dann legen Sie als Mutter Wert auf das Vermächtnis, das Sie hinterlassen, wenn der Herr Sie heimruft. Lehren Sie Ihre Kinder die biblische Wahrheit:

- *Entfache die Flamme der Leidenschaft für Gott.*
- *Folge dem Plan Gottes für dich.*
- *Gestalte dein Leben nach dem,*
  was du in Gottes Wort gelernt hast.
- *Gib die Weisheit der Bibel an die Menschen weiter,*
  mit denen du Kontakt hast, und an diejenigen,
  die dir folgen werden.

> Liebender Gott, ich möchte ein göttliches Vermächtnis weitergeben – eines, das die Lehren des Evangeliums Jesu Christi hochhält. Lass mich heute damit beginnen, das Leben – und dich – ernster zu nehmen, als je zuvor. Amen.

Aktiv werden

Sorgen Sie dafür, dass Sie ein Vermächtnis hinterlassen, das lobenswert ist. Wir haben nur ein einziges Leben. Gestalten Sie es so, dass es für diejenigen zählt, die Ihnen folgen.

Ihre Gedanken

In einem Krieg der Welten leben

Bedient euch der ganzen Waffenrüstung Gottes.
Wenn es dann soweit ist, werdet ihr dem Bösen widerstehen können.
(EPHESER 6,13A)

Neulich saßen Bob und ich am Frühstückstisch und hielten gemeinsam unsere Morgenandacht. Anschließend sahen wir im Fernsehen die Nachrichten. Nach der Sendung schaute ich Bob an und sagte: „Ich glaube, die Welt geht an uns vorbei."

Wenn wir betrachten, an welchem Punkt wir kulturell stehen, erkennen wir, dass die Welt wirklich an uns vorbeigezogen ist. Als junges Paar fühlten wir uns in unserer sozialen, wirtschaftlichen und politischen Haut wohl. Unser Leben entsprach der üblichen Routine eines Vierundzwanzig-Stunden-Tages. Wir wachten auf, gingen unseren täglichen Verpflichtungen nach, aßen zusammen zu Abend, verbrachten einige Stunden als Familie miteinander und gingen zu Bett.

Doch das ist nicht mehr die Norm. Unsere Tage und unser Leben werden durch viele Anforderungen, viele Richtungen und viele Ablenkungen fragmentiert. Kein Wunder, dass wir uns durcheinander und unvorbereitet fühlen, wenn wir mit Bösem konfrontiert werden und mit Täuschungen zu kämpfen haben. Wenn wir in viele Richtungen gezogen werden, fällt es uns schwerer, uns auf Gottes Willen auszurichten und in seiner Weisheit und Wahrheit verwurzelt zu sein.

Als Paulus an die Epheser schrieb, gab er ihnen eine Warnung: „Werdet stark durch den Herrn und durch die mächtige Kraft seiner Stärke! Legt die komplette Waffenrüstung Gottes an, damit ihr allen hinterhältigen Angriffen des Teufels widerstehen könnt. Denn wir kämpfen nicht gegen Menschen aus Fleisch und Blut, sondern gegen die bösen Mächte und Gewalten der unsichtbaren Welt, gegen jene Mächte der Finsternis, die diese Welt beherrschen, und gegen die bösen Geister in der Himmelswelt." (Epheser 6,10-12)

Das gilt heute genauso wie zur Zeit von Paulus. Die Gemeinde – darunter auch Sie und ich – muss sich dieser bösen Mächte in unserer Welt bewusst sein. In Epheser 6,13 fährt Paulus fort uns aufzurufen, stark zu sein: „Bedient euch der ganzen Waffenrüstung Gottes. Wenn es dann soweit ist, werdet ihr dem Bösen widerstehen können und noch aufrecht stehen, wenn ihr den Kampf gewonnen habt."

Benutzen Sie die Waffenrüstung Gottes in Ihrem Alltag. Verbringen Sie Zeit in seinem Wort, damit es sich in Ihr Herz und Ihren Verstand einprägt. Es wird das Fundament werden, auf dem Sie stehen, und Ihre Kraftquelle, aus der Sie schöpfen, wenn Lügen oder andere Dinge, die Ihre Treue im Glauben gefährden, Sie durcheinanderbringen oder ängstigen wollen.

Vater Gott, gib mir Unterscheidungsvermögen, damit ich böse Kräfte erkenne, wann immer sie auftreten. Und gib mir ein Herz, das von deinem Wort und deinem Willen geprägt sein will, um auf solche Momente vorbereitet zu sein. Lass mich fähig sein, im Glauben festzustehen. Amen.

Aktiv werden
Nehmen Sie sich täglich zehn Minuten Zeit, um zu beten und still zu sein. Lassen Sie alle Ablenkungen von sich abfallen.

Ihre Gedanken

Zwei Alternativen im Leben

*Deshalb: Lebt so, wie es eurem neuen Leben
im Heiligen Geist entspricht. Dann werdet ihr auch nicht tun,
wozu eure sündigen Neigungen euch drängen.*
(GALATER 5,16)

Das Leben kann komplex erscheinen, aber in Wirklichkeit haben wir nur zwei Alternativen. Die eine besteht darin, den Glauben an Gott, an den Sohn und an den Heiligen Geist abzulehnen. Die zweite besteht darin, an Gott, an den Sohn und an den Heiligen Geist zu glauben. Der erste Weg führt zur Zerstreuung und der zweite zum ewigen Leben und zu dem Segen, dass der Heilige Geist in uns wohnt (siehe Apostelgeschichte 1,8).

In Galater 5,13-25 beschreibt Paulus die beiden Alternativen sehr klar.

Die eine Alternative – führt zu sexueller Unmoral, Unreinheit, Vergnügungssucht, Götzendienst, Zauberei, Hass, Streit, Eifersucht, Wutausbrüchen, selbstsüchtigem Ehrgeiz, Konflikten, Spaltungen, Neid, Trunkenheit und Orgien.

Paulus sagte, dass Menschen, die solche Dinge wählen, das Reich Gottes nicht erben werden.

Die andere Alternative – bringt die Frucht des Heiligen Geistes hervor: Liebe, Freude, Frieden, Geduld, Freundlichkeit, Güte, Treue, Sanftmut und Selbstbeherrschung.

Paulus sagt der Gemeinde, dass diejenigen, die zu Christus Jesus gehören, ihre fleischliche Natur mit ihren Leidenschaften und Begierden an das Kreuz gebracht haben. Wenn wir durch den Heiligen Geist leben, wollen wir unser Leben auch vom Heiligen Geist bestimmen lassen (das heißt tun, was der Heilige Geist uns sagt).

Ich denke, dass es in jeder Lebensphase schwierig sein kann, das, was unseren Geist nährt, den Dingen vorzuziehen, die unsere irdischen Bedürfnisse befriedigen. Auch wenn wir nicht in sündigen Gewohnheiten gefangen sind, treffen wir oft Entscheidungen, die von unserer fleischlichen Natur und unseren Gefühlen und Wünschen bestimmt sind – statt nach den Dingen zu suchen, die unser Herz nähren. Ohne es zu merken, können wir unsere Zeit damit verbringen, in Dinge zu investieren, die nicht das Beste sind, das Gott für uns hat.

Manchmal erscheint uns die zweite Alternative nicht so interessant wie die erste, doch am Ende bringt sie uns auf den „Weg zum Erfolg". Achten Sie auf die leise Stimme des Heiligen Geistes und schicken Sie Satan in die Wüste. Es ist also wichtig, im Gebet zu bleiben und täglich in der Bibel zu lesen, damit Sie unterscheiden können, auf welche Stimme Sie hören wollen.

> Vater Gott, ich möchte der zweiten Alternative folgen und mein Leben an deinen Lehren ausrichten. Hilf mir, in dir stark zu sein. Lass mich klar den Weg erkennen, den ich gehen soll. Stelle mir eine Mentorin zur Seite, die mir zeigt, wie ich leben soll. Und lass mein Leben ein Beispiel für andere sein. Amen.

Aktiv werden

Vergeuden Sie Ihr Leben nicht damit, nach der ersten Alternative zu leben – Sie wissen, wie diese Geschichte ausgehen würde. Wählen Sie ab sofort den Weg der zweiten Alternative.

Ihre Gedanken

Eine Frau werden, die Gottes Wort tut

Es reicht also nicht aus, das Gesetz nur zu kennen,
um vor Gott anerkannt zu sein.
Sondern nur wer so handelt, wie es das Gesetz verlangt,
wird in Gottes Augen für gerecht erklärt.
(RÖMER 2,13)

Suzanna Wesley, eine gottesfürchtige Frau aus einem früheren Jahrhundert der Kirchengeschichte, sprach von zwei Dingen, die man mit dem Evangelium tun sollte:

- *Das Evangelium glauben*
- *Sich nach dem Evangelium verhalten*

Wenn Sie eine Frau werden wollen, die Gottes Wort tut, müssen Sie sich in der Kraft und Wahrheit des Evangeliums in Bewegung setzen. Sie stehen auf und gehen voran. Wie oft kommen Menschen in die Gemeinde, lassen sich durch die Anbetung und die Predigt inspirieren, und gehen dann wieder nach Hause, ohne dass sich ihre Ziele ändern? Wenn unser Leben geschäftig und hektisch wird, neigen wir leicht dazu, nur so zu tun als ob, statt wirklich unseren Glauben in die Tat umzusetzen.

Es gibt mehrere Verse, die uns zeigen, dass wir mehr tun müssen, als nur Hörer des Wortes Gottes zu sein:

- *„Ihr wisst das alles – nun handelt auch danach.*
  Das ist der Weg des Segens!" (Johannes 13,17)
- *„Denkt daran: Wer das Gute kennt und es nicht tut,*
  der macht sich schuldig." (Jakobus 4,17)
- *„Gesegnet sind alle, die das Wort Gottes hören*
  und danach leben." (Lukas 11,28)
- *„Strengt euch deshalb an, diese Zusagen Gottes*
  in eurem Glauben zu leben." (2. Petrus 1,5)

- *„Aber es reicht nicht, nur auf die Botschaft zu hören – ihr müsst auch danach handeln! Sonst betrügt ihr euch nur selbst."* (Jakobus 1,22)

Wenn wir unseren Weg fortsetzen, um Gott immer mehr kennenzulernen und uns ewig an ihm zu freuen, werden wir in unserem Glauben wachsen. Indem wir vom bloßen Hören dazu übergehen, Gottes Wort auch zu tun, werden wir uns zu Frauen mit Charakter entwickeln. Wir fangen an, die neun Früchte des Heiligen Geistes zu praktizieren, die in Galater 5,22-23 genannt werden. Wir sollen lieben, uns freuen, Frauen des Friedens sein, Geduld haben, Freundlichkeit erweisen, anderen mit Güte begegnen, Treue zeigen, sanftmütig sein und Selbstbeherrschung üben. Man muss zuerst krabbeln, bevor man gehen kann.

Herr, leite mich, damit ich eine Frau mit Charakter werde – mit einem **dir wohlgefälligen** Charakter. Ich möchte im Glauben wachsen und die Absichten erfüllen, die du mir gegeben hast. Lass die Frucht des Geistes in meinem Leben sichtbar werden. Amen.

Aktiv werden

Wählen Sie eine biblische Wahrheit für den heutigen Tag, und überlegen Sie, wie Sie im Glauben danach handeln können.

Ihre Gedanken

Die Frucht des Geistes – Liebe

Glaube, Hoffnung und Liebe, diese drei bleiben.
Aber am größten ist die Liebe.
(1. Korinther 13,13)

Als kleine Babys erwarten wir von den Menschen unserer Umgebung, dass sie uns lieben. Später im Leben lesen wir Bücher und Zeitschriften, besuchen Seminare und Workshops und führen lange Gespräche in dem Bemühen, besser zu verstehen, was Liebe bedeutet.

In unseren prägenden Jahren verbringen wir viel Zeit damit, an den falschen Orten nach Liebe zu suchen. Wir suchen und suchen nach diesem perfekten Gefühl der Liebe und nach dem einen und einzigen Partner, mit dem wir „ein Herz und eine Seele" sind. Trotz all unserer Bemühungen fällt es uns schwer zu definieren, was Liebe eigentlich ist. Was macht also dieses erstrebte Gefühl aus? Nach der Bibel ist Liebe viel mehr als eine flüchtige Emotion. Liebe ist vielmehr eine Entscheidung, die wir bewusst treffen, und sie kommt darin zum Ausdruck, wie wir andere Menschen behandeln. Wenn wir einen Menschen lieben, entscheiden wir das zu tun, was für ihn am besten ist. Wir können uns überaus glücklich schätzen, dass wir als Christen Gottes Beispiel der Liebe haben und an ihm sehen, welche Macht die Liebe hat.

In Johannes 3,16 lesen wir vom höchsten Ausdruck der Liebe. Sie kommt direkt vom Himmel, und wenn sie in unser Herz strömt, sind wir wahrhaftig gesegnet. „Unsere Liebe kennt keine Angst, weil die vollkommene Liebe alle Angst vertreibt" (1. Johannes 4,17-18). Ist Ihnen bewusst, dass wir ein Leben führen können, das von Angst frei und von Gottes Liebe erfüllt ist? Das ist möglich, weil wir Gottes reine, bedingungslose, nie endende Liebe kennen und empfangen haben.

Wenn Sie je in der Angst gelebt haben, keine Liebe zu finden oder die Bedeutung der Liebe nicht zu erfassen, brauchen Sie sich keine Sorgen zu machen. Sie brauchen nur die reine Liebe anzunehmen, die Gott Ihnen frei und überfließend und für immer anbietet. Glauben bedeutet nicht, dass immer das Richtige geschieht; Glaube bedeutet, das Richtige zu tun, ganz gleich, was geschieht.

> Vater Gott, lass mich diese vollkommene Liebe verstehen. Lass mich davon erfüllt und motiviert werden, damit ich die Liebe in mein tägliches Handeln hineinnehmen kann. Gib mir ein weites Herz, das sich über meine begrenzten menschlichen Möglichkeiten hinaus öffnet, damit es viele Menschen umfasst. Amen.

Aktiv werden

Gehen Sie auf eine andere Ebene der Liebe, als die Welt sie kennt. Bringen Sie in Ihrem täglichen Leben die Liebe Gottes zum Ausdruck.

Ihre Gedanken

Die Frucht des Geistes – Freude

Ein fröhliches Herz ist die beste Medizin.
(SPRÜCHE 17,22)

Oft erwarten wir, dass die Frucht der Freude uns grenzenloses Glück und fröhliche Zeiten beschert. Doch wenn wir die Bibel lesen, ermutigt sie uns nachzudenken, was es wirklich bedeutet, Freude zu erfahren und ein fröhliches Herz und ein von Freude erfülltes Leben zu haben.

„Ich sage euch das, damit meine Freude euch erfüllt. Ja, eure Freude soll vollkommen sein!" (Johannes 15,11) Glück und Vergnügen sind an sich gut, doch sie kommen und gehen mit den Umständen. Freude dagegen ist nicht von unseren Umständen abhängig. Sie übersteigt das, was wir durchmachen, was wir denken oder was unsere täglichen Herausforderungen sind. Während Glück von Ursache und Wirkung abhängt und die Welt darin eine Quelle der Inspiration sieht, bietet Gott uns eine Erfahrung, die über Glück weit hinausreicht. Seine Freude können wir sogar in schweren Zeiten erfahren.

Freude wächst als eine Frucht unseres Glaubens; sie ist eine Einstellung, die wir durch unsere Beziehung mit Gott gewinnen. Seine Treue bringt uns Freude. Seine Liebe erschließt in uns eine größere Fähigkeit, Freude zu erfahren.

Diese Freude von unserem Vater im Himmel ist ein Schatz für unser Herz, eine tröstliche Erkenntnis der innigen Gegenwart Gottes. Wenn wir die Ereignisse unseres Lebens betrachten, können wir entweder entscheiden, verbittert gegen Gott zu sein, weil er bestimmte Dinge in unserem Leben zugelassen hat – oder wir können eine Einstellung der Freude wählen und bewusst an der Freude festhalten.

Ich sage Ihnen gleich, dass Freude unsere beste Entscheidung ist. Durch Gottes Güte sind wir so reich gesegnet. Lassen Sie in Ihrem Herzen und in Ihrer Seele jubelnde Freude aufsteigen, selbst wenn es gerade Sorgen, Veränderung, Unannehmlichkeiten oder Ungewissheit gibt. Auch wenn wir nicht wissen, was uns in der Zukunft erwartet, können wir gewiss sein, dass Gott über alles wacht, was geschehen wird. In dieser Sicherheit können wir Freude finden. Und wenn wir lernen, mit den Umständen und dem Auf und Ab des Lebens klarzukommen und alle Situationen zu nutzen, um Gott zu ehren, werden wir in der Freude leben.

Wenn wir Freude im Herrn haben, fangen wir an, das Leben mit Gottes Augen zu sehen, und wir erkennen, dass die Dinge nie so schön aussahen oder uns nie so begeistert haben. Die Freude am Herrn ist unsere Stärke (Nehemia 8,10). Seien Sie stark in dem Herrn, liebe Freundin.

Gott, du Freude meines Lebens, du weißt, dass Freude und Liebe zusammengehören und dass unser ganzes Sein diese großartige Tugend widerspiegeln sollte. Ich danke dir für die Freude meiner Erlösung. Ich preise dich, dass du immer Gott bleibst und die Quelle meiner Hoffnung bist, was immer auch geschehen mag. Das ist meine Freude. Möge mein Leben dir Freude machen, lieber Herr. Amen.

Aktiv werden
Bringen Sie eine tiefe, innere Freude der Seele zum Ausdruck, selbst wenn Sie gerade einen schlimmen, schrecklichen Tag haben.

Ihre Gedanken

Die Frucht des Geistes – Frieden

Der Herr gibt seinem Volk Kraft und schenkt ihm Frieden.
(PSALM 29,11)

An der globalen Front ist Frieden ein Traum. Wir sehen Banner, die nach Frieden rufen. Friedenssymbole zieren Busse, Rucksäcke und Autoaufkleber. Überall und in jeder Sprache erklingt der Ruf nach Frieden. Es gibt nur sehr wenige Menschen in unserer Welt, die sich keinen Frieden für den Horizont der Welt und auch für ihre eigene Seele wünschen.

Die gute Nachricht ist, dass wir nicht nach äußeren Mittel gegen ein ruheloses Herz oder eine friedlose Seele suchen müssen. Wenn Probleme sich in uns zusammenbrauen, können wir die Suche nach einer materiellen Lösung überspringen. Unser Friede kommt von Gott durch seinen Segen. Und wir empfangen seinen Frieden in unserem Geist. Unser Gott ist mächtig, und er ist auch friedlich. Wir brauchen nicht die vielfältigen Mittel der Welt auszuprobieren, um unsere innere Unruhe zu beschwichtigen, denn Gott hat das entscheidende Werk getan. Aber wir müssen seine Kraft und seinen Frieden in Empfang nehmen.

Der Friede der Welt ist vergänglich und an Bedingungen geknüpft. Ein Friede, der nicht unsere Seele und unser ganzes Sein durchdringt, hat keine bleibende und verwandelnde Wirkung. „Ich lasse euch ein Geschenk zurück – meinen Frieden. Und der Friede, den ich schenke, ist nicht wie der Friede, den die Welt gibt. Deshalb sorgt euch nicht und habt keine Angst." (Johannes 14,27)

Der Friede, den Gott gibt, baut auf dem Bewusstsein auf, dass wir einen Sinn und eine Ursache für unsere Existenz brauchen. Indem wir in unserer geistlichen Natur reifer werden und lernen, worum es im Leben wirklich geht, lernen wir zu akzeptieren, dass nur unser himmlischer Vater uns innere Ruhe geben kann. Sobald wir dies erkennen, müssen wir nicht mehr verzweifelt selbst nach Antworten auf unsere Probleme suchen. Wir erfahren eine Gewissheit und einen Frieden, wenn wir glauben, dass wir durch Jesus mit Gott versöhnt wurden, dass unser Leben einen Sinn hat und dass wir in Gottes Ebenbild erschaffen wurden. Wenn wir diese Wahrheiten verstehen, können wir sehr sinnvolle Schritte in unserem Leben tun. Wir haben Frieden mit Gott, und wir wissen endlich, wer wir sind. Wir sind sein.

Gott, ich habe mich nach Frieden gesehnt. Jetzt nehme ich den Frieden an, der daraus erwächst, dass ich dich kenne, und deinen Sohn Jesus. Ich bin froh, dass die Verwirrung und das Chaos in meinem Inneren ein Ende haben. In deiner Liebe fühle ich mich so frei. Dein Friede befreit mich von Lasten und inspiriert mich dazu, über die alltäglichen Schwierigkeiten hinauszublicken und auf deine Verheißungen zu vertrauen. Amen.

Aktiv werden
Seien Sie heute eine Friedensstifterin. Gehen Sie aus sich heraus und trösten Sie einen Menschen, der es braucht, dass Sie ihm auf die Schulter klopfen.

Ihre Gedanken

Die Frucht des Geistes – Geduld

Sei ruhig in der Gegenwart des Herrn und warte, bis er eingreift.
(PSALM 37,7)

Unsere heutige Kultur ist es nicht gewohnt zu warten. Geduld zu haben setzt aber voraus, dass wir das Warten lernen. Es macht zwar nicht immer Spaß, aber es lohnt sich, ein Mensch zu werden, der auf Gottes Führung, auf sein Timing und auf seine Antworten warten kann.

In den letzten achtzehn Jahren musste ich Geduld lernen, während ich endlose Stunden in Arztpraxen und Krankenhauswartesälen verbrachte und die Minuten zählte, bis ich endlich die Untersuchungsergebnisse oder die ärztliche Diagnose erfuhr. Bob und ich mussten oft geduldig auf Testergebnisse warten, nur um dann zu erfahren, dass ein weiterer Test oder eine weitere Untersuchung nötig war. Ich denke, wir haben viele, viele Monate „Eile mit Weile" ertragen. Das fordert seinen Preis. Man fängt an zu denken, dass Fortschritte außer Reichweite liegen.

Ich gab zwar nie meine Hoffnung und meinen Glauben an Gott auf, aber ich erlebte Zeiten innerer Unruhe. Das Warten fiel mir nicht leicht. Ich gehöre zu den Menschen, die gern Verantwortung übernehmen und die Dinge nach eigenen Zeitvorstellungen erledigen. So wie jeder andere musste auch ich lernen, auf die Frucht des Geistes zu vertrauen.

Trotzdem muss ich immer noch daran arbeiten, geduldig zu sein und zuzulassen, dass Gott meine Seele still macht und mir seine Pläne zeigt. Mir gefällt nicht immer, was er für mich vorhat. Oft habe ich, halb im Scherz, Familienmitgliedern und Freunden gesagt, dass ich aufhören werde, um Geduld zu beten, weil Gott immer mit solchen Herausforderungen antwortet!

Doch irgendwie weiß der Herr genau, was ich brauche, damit meine Seele still wird und auf seine Stimme hört. Mit der Zeit ist meine Geduld gewachsen. Hier ist ein Vers, der Sie ermutigt, sich Geduld anzueignen. „Geduldig hoffte ich auf die Hilfe

des Herrn, und er wandte sich mir zu und hörte mein Schreien."
(Psalm 40,1)
Der Herr wird Sie in Ihrer Zeit des Wartens und in Ihrer Zeit
der Not erhören.

Vater Gott, du machst mich zu einem besseren Menschen, indem du in Zeiten des Wartens meinen Glauben und meinen Charakter formst. Du zeigst mir, dass es keinen Wert hat, sich Zeiten oder Umstände wegzuwünschen, die für mich unangenehm sind. Es ist aber wertvoll, diese Zeiten des Wartens und Hoffens zu nutzen, um in dir zu ruhen und mich auf den Segen zu besinnen, den ich schon empfangen habe. Ich erkenne, dass wichtige Angelegenheiten oft längere Wartezeiten erfordern. Amen.

Aktiv werden
Nun gut, Sie haben die falsche Schlange an der Kasse gewählt. Jetzt ist die Gelegenheit, Ihre Fortschritte in Sachen Geduld zu prüfen. Nutzen Sie heute irgendeine Verzögerung oder Begebenheit, um sich in Geduld zu üben.

Ihre Gedanken

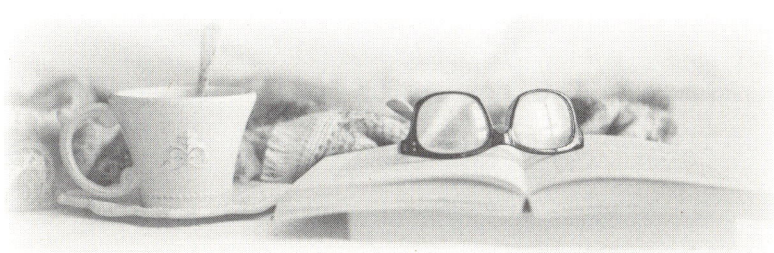

Die Frucht des Geistes – Freundlichkeit

Seid stattdessen freundlich und mitfühlend zueinander
und vergebt euch gegenseitig, wie auch Gott euch durch
Christus vergeben hat.
(EPHESER 4,32)

Freundlichkeit spiegelt sich in einem Reden und Handeln aus ehrlicher Anteilnahme für die Bedürfnisse anderer Menschen. Es ist vor allem eine Einstellung des Herzens, die sich entwickelt, reift und immer mehr ein Teil von uns wird, wenn wir mit Gott leben und den Wunsch haben, für andere Menschen ein Ausdruck seiner Liebe zu sein.

Herzliche Worte und hilfreiches Handeln machen anderen Menschen immer den Tag leichter. Das ist doch einfach umzusetzen, nicht wahr? Es liegt uns aber dann nicht im Blut, wenn wir uns in der Geschäftigkeit und den vielen Details der Aufgaben verlieren, die wir zu erledigen versuchen. Wir vergessen, dass die einfache Geste der Freundlichkeit, die wir schenken oder selbst erfahren, eine erstaunliche Gabe ist.

Freundlichkeit erfordert unser absichtliches Handeln. Jeden Tag können wir irgendeinem Menschen die Last erleichtern und ihm Freude machen, indem wir ihn nett behandeln. Es lohnt sich, andere spüren zu lassen, dass sie wichtig sind, und Freunden ebenso wie Fremden mit Höflichkeit und Großzügigkeit zu begegnen. Ein breites Lächeln in Verbindung mit einem aufrichtigen Kompliment ist ein Zeichen der Aufmerksamkeit.

Wenn wir jeden Morgen bedenken, dass unsere freundlichen Taten und Bemühungen nicht nur von der Person wahrgenommen werden, der wir begegnen, sondern auch von dem Herrn, kann das unsere Bereitschaft und eine großzügige Einstellung sehr fördern. „Wer dem Armen hilft, leiht dem Herrn – und er wird ihm zurückgeben, was er Gutes getan hat!" (Sprüche 19,17) Der heilige Franz von Assisi formulierte das sehr gut: „Herr, mach mich zu einem Werkzeug deines Friedens, dass ich Liebe übe, wo man hasst; dass ich verzeihe, wo man beleidigt; dass ich Glauben bringe, wo Zweifel ist; dass ich Hoffnung wecke, wo Verzweiflung quält; dass ich Licht anzünde, wo Finsternis regiert; dass ich Freude bringe, wo der Kummer wohnt."

Es gibt so viele Möglichkeiten, wie wir Gottes Hände, Augen, Ohren und Herz für die Menschen sein können, denen wir begegnen. Wir können es als ein Privileg betrachten, in der Welt ein Ausdruck seiner Liebe zu sein.

> Herr, ich komme heute in der festen Überzeugung zu dir, dass die Freundlichkeit, die wir anderen Menschen erweisen, ein genauer Maßstab dafür ist, wie wir als Christen leben. Ich möchte eine Frau sein, die andere als eine freundliche Person kennen. Amen.

Aktiv werden
Überraschen Sie heute jemand. Seien Sie unerwartet freundlich zu einer anderen Person.

Ihre Gedanken

Die Frucht des Geistes – Güte

Deine Güte und Gnade begleiten mich alle Tage meines Lebens,
und ich werde für immer im Hause des Herrn wohnen.
(PSALM 23,6)

Wussten Sie, dass das griechische Wort für „gut" über einhundert Mal im Neuen Testament vorkommt? Je nach dem Kontext wird dieses Wort verschieden übersetzt, zum Beispiel als aufrichtig, ehrwürdig, gesund, großzügig, verlässlich und ehrlich. Güte äußert sich in Verhaltensgewohnheiten, in denen sich die innere Neigung eines Menschen widerspiegelt.

Lange bevor das heutige Konzept der „Exzellenz" in der Wirtschaft, in der Erziehung oder in der Gemeindearbeit vermittelt wurde, lehrte der Apostel Paulus die Tugend der „Güte" in der Urgemeinde. Die zeitgenössische Gesellschaft setzt Güte zwar eher mit Perfektion gleich, aber darum geht es überhaupt nicht. Es geht um den lauteren Wunsch, ohne persönliche Motive oder Interessen zu dienen, zu helfen und zu ermutigen. Güte ist völlig selbstlos. So wie Gott uns seine grenzenlose Güte erweist, so kann auch unsere Güte ausströmen und anderen Menschen zugutekommen. Auch hier ist das Ziel nicht Perfektion …, das Ziel ist Großzügigkeit!

Als reife Christen sollen wir zu gütigen Menschen werden. Jeden Tag haben wir die Gelegenheit, diese Frucht in unserem Leben wirksam werden zu lassen. Der erste Schritt besteht darin, dass wir wahrnehmen, welche Menschen unserer Umgebung eine Geste der Güte brauchen. So sehr wir es auch wollen, können wir nicht der ganzen Welt Güte erweisen. Aber wir können gewiss diejenigen Menschen berühren, mit denen wir täglich in Kontakt stehen – unseren Partner, unsere Kinder, unsere Verwandten, unsere Nachbarn und unsere Kollegen.

Die Welt hungert danach, Güte zu erfahren. Es erfordert nur wenig Mühe, bei den Menschen, die Sie kennen, etwas Positives zu bewirken. Güte ist Liebe in Aktion. Es ist leicht, eine sehnsüchtige und hungrige Welt zu berühren, die verzweifelt nach Menschen sucht, die etwas von sich selbst geben, um das Leben anderer zu bereichern.

Herr, lass mich das Tempo lange genug drosseln, um zu bemerken, welche Menschen meiner Umgebung eine Geste der Güte brauchen. Hilf mir, auf andere zuzugehen, selbst wenn ich dazu meine Bequemlichkeitszone verlassen muss, um den Menschen, die du in mein Leben bringst, Güte und Freundlichkeit zu erweisen. Amen.

Aktiv werden
Lassen Sie heute jemand einen Blick in Ihr Herz tun. Was wird dieser Mensch darin finden? Hoffentlich ist es Güte.

Ihre Gedanken

Die Frucht des Geistes – Treue

Ein zuverlässiger Mensch wird reichen Lohn erhalten.
(Sprüche 28,20)

In unserem Leben werden wir immer wieder herausgefordert zu verstehen, was es heißt, treu zu sein. Wir wissen, dass wir hingegeben und verbindlich im Glauben leben sollen, aber wenn wir sehen, wie andere in ihrer Treue wanken, wie können wir noch in Erinnerung behalten, was es heißt, diese Tugend zu besitzen?

In unserer Kultur gibt es reichlich Beispiele dafür, dass man aufgibt, wenn es schwierig wird. Oder dass man eigenen Wünschen den Vorzug gibt, statt zu tun, was für andere das Beste ist Oder dass man zuerst nach dem persönlichen Nutzen fragt, bevor man irgendeine Verpflichtung eingeht.

Mit anderen Worten lernen wir durch solche Beispiele, zuerst zu überlegen, ob Treue uns einen Vorzug bringt, statt in der völligen Gewissheit ans Werk zu gehen, dass Treue der Vorzug *ist*. Sie ist die Belohnung. Und sie ist Freude.

Zuerst müssen wir unser Handeln prüfen. Wenn diese Frucht vorhanden ist, werden wir pünktlich erscheinen, tun, was wir zugesagt haben, und unsere Aufgaben zu Ende führen. Ein Motto, das uns als Familie sehr wichtig ist, lautet: „Wenn du gesagt hat, dass du etwas tun wirst, dann tue es auch." Ein erfolgreiches Leben beruht auf Vertrauen und Treue. Immer wieder lesen wir im Alten Testament von Gottes Treue zu seinem Volk Israel. Selbst wenn die Israeliten sich noch so sehr über ihre Situation beklagten, blieb er seinen Verheißungen treu.

Im Neuen Testament sehen wir bei Jesus dieselbe Treue zu seinem Vater im Himmel. Jesus fragte immer nach dem Willen Gottes. Seine Treue zum Vater begleitete ihn auf seinem ganzen Weg, bis hin zum Kreuz. Auch wenn Menschen heute ihr Handeln an unseren wechselnden Interpretationen der Treue ausrichten, zeigen die absoluten Aussagen der Bibel ganz klar, was es für Christen bedeutet, treu zu sein. Eines Tages werden wir vor Gott stehen, und er wird uns im Himmel mit den Worten willkommen heißen: „Tritt ein! Du hast deine Sache gut gemacht, du guter und treuer Diener."

Vater Gott, ich wünsche mir sehr, dass die Menschen meiner Umgebung in mir eine treue Nachfolgerin erkennen. Ich möchte vertrauenswürdig und verlässlich sein, meine Aufgaben pünktlich erledigen und meine Versprechen erfüllen. Danke, Gott, dass du mir gezeigt hast, wie ich in allem, was ich tue, treu sein kann. Amen.

Aktiv werden

Wie treu sind Sie? In welchen Bereichen müssen Sie noch an Ihrer Treue arbeiten? Bitten Sie eine Freundin, immer wieder nachzufragen, wie Sie in diesen Bereichen vorankommen.

Ihre Gedanken

Die Frucht des Geistes – Sanftmut

Selig sind die Sanftmütigen; denn sie werden das Erdreich besitzen.
(MATTHÄUS 5,5)

Ein Mann sah eine blinde Frau an einer verkehrsreichen Kreuzung stehen und darauf warten, dass ihr jemand half, die Straße zu überqueren. Er ging auf sie zu und fragte: „Darf ich Sie auf die andere Straßenseite begleiten?" Das ist wirklich Sanftmut in Aktion. Aus Mitgefühl zu handeln kann ein ganz unmittelbarer Ausdruck von Sanftmut sein. Selbst das aufmerksame Zuhören, wenn jemand über sein eigenes Leben oder seine Bedürfnisse spricht, ist ein anschauliches Beispiel dafür, wie wir Mitgefühl in die Tat umsetzen.

In unserer Kultur haben wir uns von der Idee der Sanftmut entfernt, obwohl das Bild einer Mutter, die sich behutsam um ihr Kind kümmert, immer noch ein starkes Vorbild ist, das akzeptiert und befürwortet wird. Wenn wir dieses Bild als Beispiel wählen, können wir es leicht auf die Vorstellung übertragen, wie Jesus uns als seine Kinder auf seinen Armen trägt. In dieser Vorstellung liegt viel Zärtlichkeit und innige Liebe, nicht wahr?

Die Welt versteht unter Sanftmut oft, dass jemand ein Feigling ist und sich leicht herumschubsen lässt! Deshalb meiden wir diese Eigenschaft vielleicht, weil sie als das Gegenteil von Stärke wahrgenommen wird. Wir wissen aber, dass das nicht stimmt. Sanftmut verlangt oft ungewöhnliche Stärke. Wenn ich die Gaben der Macht und Stärke betrachte, stelle ich oft erstaunt und beeindruckt fest, dass Sanftmut mit diesen starken Eigenschaften einhergeht. Es sind keine Gegensätze, sondern Eigenschaften, die sich gegenseitig ergänzen.

Ein kleines Mädchen nimmt ganz vorsichtig eine Porzellantasse in die Hand, damit sie ihm nicht aus der Hand rutscht und auf den Boden fällt. Eine Tiermutter trägt ihr Junges sanft im Maul. Eine Freundin massiert Ihnen den Rücken, wenn er verspannt ist und schmerzt. Ein Vater zeigt seinem kleinen Sohn, wie man sich die Schuhe zubindet. Ein älterer Bruder wischt seiner kleinen Schwester, die hingefallen ist, die Tränen aus den Augen. Sanftheit ist eine Tugend, die solche Vorstellungen von Gesten einfühlsamer Fürsorge weckt.

Als Nachfolger Jesu haben wir die Aufgabe, diese Frucht des Geistes in unserem Leben als Christen anzuwenden. Wir werden all das werden, was Gott für uns beabsichtigt hat, wenn wir in unserem christlichen Leben eine sanftmütige Einstellung an den Tag legen. Und wir selbst erfahren diese Sanftmut in den liebenden Armen unseres Heilandes.

> Vater, es ist offensichtlich, dass du dir einen sanftmütigen Geist in deinen Kindern wünschst. Ich gebe dir mein Leben, damit du mich gebrauchen kannst, um anderen Fürsorge und Anteilnahme zu zeigen. Danke, dass du mein sanftmütiger Hirte bist. Du leitest mich mitfühlend und sprichst so sanft zu meinem Herzen, um mich zu leiten. Amen.

Aktiv werden

Nehmen Sie sich einige Augenblicke Zeit, um sich möglichst viele Bilder der Sanftmut in Erinnerung zu rufen. Überlegen Sie dann, wie Sie heute in Ihrer Einstellung und in Ihrem Handeln Sanftmut zeigen können.

Ihre Gedanken

Die Frucht des Geistes – Selbstbeherrschung

Wendet aber auch allen Fleiß auf und reicht in eurem Glauben
die Tugend dar, in der Tugend aber die Erkenntnis,
in der Erkenntnis aber die Enthaltsamkeit,
in der Enthaltsamkeit aber das Ausharren.
(2. Petrus 1,5-6)

In Römer 7,15-25 setzt der Apostel Paulus sich mit einem klassischen Problem auseinander, nämlich der Schwierigkeit, in seinem Leben Selbstbeherrschung zu üben. „Immer wieder nehme ich mir das Gute vor, aber es gelingt mir nicht, es zu verwirklichen. Wenn ich Gutes tun will, tue ich es nicht. Und wenn ich versuche, das Böse zu vermeiden, tue ich es doch" (Verse 18-19). Wie Paulus müssen wir oft darum ringen, die Frucht der Selbstbeherrschung in unserem Leben wachsen zu lassen, damit wir das Richtige tun können. Und wie Paulus werden wir vielleicht frustriert, wenn wir zwar den Wunsch haben, das Gute und Richtige zu tun, aber feststellen, dass das nicht von selbst geschieht. Viele Menschen, darunter auch Christen, kennen solche Schwierigkeiten. Das Problem ist nicht, dass wir noch um Selbstbeherrschung ringen müssen. Problematisch wird es, wenn wir dieser oder jener Versuchung oder Schwierigkeit nachgeben, statt Gott die Kontrolle über diesen Bereich zu geben.

Wann haben Sie in Ihrem Leben Schwierigkeiten mit der Selbstkontrolle gehabt? Oder gibt es gerade jetzt einen Bereich in Ihrem Leben, in dem es Ihnen nicht gelingt, das Gute, das Sie wollen, auch wirklich zu tun? Lassen Sie in Zeiten der Schwachheit nicht zu, dass Sie im Dunkel der Verzweiflung versinken. Rufen Sie sich in Erinnerung, dass Sie Zugang zu Gottes Kraft haben.

Wie ein Sportler oder ein Experte auf einem anderen Gebiet sollten wir uns darauf konzentrieren, unsere Fähigkeiten zu verbessern. In unserem „Fachgebiet" als Christen geht es darum, dass wir in unserem Verhalten und in unseren Wünschen Christus immer ähnlicher werden. Und wie bei den anderen Früchten des Geistes müssen wir auch bei der Selbstbeherrschung Mühe aufwenden, um sie zu entfalten, vielleicht sogar mehr Mühe als bei den anderen Früchten. In der Gemeinde sprechen wir nicht oft über Selbstbeherrschung, und wenn wir ehrlich sind, sprechen wir mit Freunden nicht darüber. Sie ist jedoch ein wichtiger Aspekt für unseren Glaubensweg und unser Wachstum.

Nur wenige Menschen erkennen, dass Selbstbeherrschung zur Freiheit führt. Wenn Sie Ihre Lasten an Gott abgegeben haben und nicht mehr dadurch niedergedrückt werden, sind Sie frei und können sich Ihrer Zukunft und Ihren Träumen zuwenden, ohne sich durch innere Kämpfe gebunden zu fühlen. Der Schlüssel zur Selbstbeherrschung besteht immer darin, Gott die *ganze* Kontrolle zu geben. Fassen Sie Mut und bitten Sie Gott um seine Leitung.

Er wird Sie in ein erfüllendes, neues Leben der Selbstbeherrschung und Freiheit führen.

Herr, wir leben in einer Zeit, in der Menschen selbst die Kontrolle haben wollen, und ich möchte ganz bestimmt die Kontrolle über mich selbst haben – allerdings nur unter deiner Autorität. Hilf mir, jeden Tag daran zu denken, dass ich mein Leben dir gegeben habe. Ich will mich immer wieder daran erinnern, dass du derjenige bist, der mir die Kontrolle über mich selbst gibt. Amen.

Aktiv werden
Sagen Sie „Nein" zu guten Dingen und sparen Sie sich Ihr „Ja" für die besten Dinge auf.

Ihre Gedanken

Ein Flaschengeist

Ich höre aufmerksam auf das, was Gott, der Herr, spricht,
denn er verheißt seinem Volk, denen, die ihm treu sind, Frieden.
Lass nicht zu, dass sie auf ihre verkehrten Wege zurückkehren.
(PSALM 85,9)

Wie kann eine kleine Plastikkarte so viele gute und schlechte
Nachrichten gleichzeitig enthalten? Eine Kreditkarte ist der „Fla-
schengeist", der dem Besitzer die Möglichkeit bietet, seine Bedürfnisse zu erfüllen. Alles, was sich mit Geld kaufen lässt. Doch
diese Karte ist natürlich kein Geld. Sie ist eine Zahlungsverpflich-
tung. Und das Vergnügen, das wir bei einem Kauf vielleicht zuerst empfanden, ist rasch verflogen, wenn die Rechnung eintrifft
und der fällige Betrag wächst. Ein einfaches Stück Plastik kann
für uns eine Eintrittskarte in eine Märchenwelt sein. Auch wenn
es so verlockend sein kann, heute etwas zu haben, das Ihre finanziellen Möglichkeiten übersteigt, bringen Sie sich in Wirklichkeit
um die finanziellen Gelegenheiten und die Freiheit von morgen.

Warum wir in einer biblischen Andacht wieder über Geld
sprechen? Weil Gottes Wort uns ermutigt, den Umgang mit Geld
als Teil unserer Verantwortung als Verwalter zu verstehen. Und
der heutige Vers erinnert uns auch daran, wie wir unvernünftige
Entscheidungen vermeiden können. Gott gibt uns so viel, und
er steht treu zu seinen Verheißungen. Deshalb sollten wir weise
entscheiden und mit Bedacht handeln, damit wir nicht den un-
vernünftigen Weg einschlagen und damit das Beste ausschlagen,
das Gott für uns hat.

Wir können nicht die besten Wege Gottes wählen, wenn das
Monster unserer Schulden unser Leben beherrscht. Bezahlen Sie
jede Kreditkartenrechnung sofort. Wenn Sie in Rückstand geraten, hören Sie auf, Ihre Karte zu benutzen. Kaufen Sie größere
Dinge nicht an demselben Tag, an dem Sie den Wunsch dazu
verspüren. Bleiben Sie in den finanziellen Grenzen, die Sie sich
gesteckt haben, und benutzen Sie nur eine einzige Karte für alle

Ausgaben. Zerschneiden Sie Ihre Karten, wenn es Ihnen nicht gelingt, sie vernünftig zu nutzen.

Probieren Sie einmal diese Finanztipps aus:

- *Nach und nach Geld verdienen;*
- *nach und nach Geld sparen;*
- *andere an Ihrem Segen teilhaben lassen;*
- *keine Schulden machen.*

Im Grunde kommt es in Geldangelegenheiten darauf an, dass Sie nach Sicherheit und Freiheit suchen und Risiken und Verpflichtungen vermeiden. So werden Sie den Vorteil und die Freude haben, dem Herrn etwas zurückzugeben.

Vater Gott, ich möchte den Segen, den ich empfangen habe, so nutzen, dass es dich ehrt. Dabei will ich mich darauf konzentrieren, meine Mittel heute weise zu verwalten, um morgen finanzielle Sicherheit zu haben. Amen.

Aktiv werden
Setzen Sie einige dieser Finanzprinzipien in dieser Woche um. Stellen Sie dabei ehrlich fest, wo Ihre Schwächen liegen, damit Sie sich verbessern können.

Ihre Gedanken

Das Richtige tun

Was immer ihr esst oder trinkt oder tut, das tut zur Ehre Gottes!
(1. KORINTHER 10,31)

Jeder von uns hat nur vierundzwanzig Stunden am Tag – nicht mehr und nicht weniger. Würden wir ausrechnen, wie viele Tage wir in einer durchschnittlichen Lebensspanne leben, und dann die Stunden abziehen, in denen wir schlafen, zur Arbeitsstelle und wieder nach Hause fahren oder unsere Kinder irgendwo hinbringen oder abholen, würden wir feststellen, dass mehr als ein Drittel unseres Lebens unproduktiv ist. Und das ist auch in Ordnung! Wichtig ist, was wir mit den anderen zwei Dritteln anfangen. Wir können sie mit unwichtigen Dingen vergeuden oder uns auf das konzentrieren, was für uns und für Gott wichtig ist.

Wenn Gott Sie fragen würde: „Was machst du auf der Erde?", was würden Sie antworten? Paulus stellte in seinem Brief an die Gemeinde in Korinth eine ähnliche Frage. Er zeigt uns, dass wir als Nachfolger Jesu auf dieser Erde sind, um Gott in allem zu ehren, was wir tun. Doch um Gott zu verherrlichen, müssen wir wissen, was ihn ehrt.

Zeigen wir der Welt, dass wir Liebe in unserem Leben haben? Begegnen wir Menschen mit Barmherzigkeit, die Barmherzigkeit brauchen? Reagieren wir mit Gnade auf Menschen, die uns verletzt haben? Führen wir ein ausgewogenes Leben und sorgen wir für ein harmonisches Miteinander in unserer Familie? Das sind einige Dinge, die Gott ehren.

Viele Menschen haben eine falsche Vorstellung von Gott, Jesus und der Gemeinde. Sie gewinnen leicht den Eindruck, dass die Gemeinde ein Club für perfekte Leute ist oder dass ihre Mitglieder Heuchler sind. Wir dagegen wissen, dass die Gemeinde ein Ort für Menschen ist, die Gott lieben, die sündigen und die durch das Blut Christi Erlösung und Gnade empfangen haben. Wir sind nicht perfekt. Aber wir sind errettet und dankbar. Diese wichtige Wahrheit erfahren andere Menschen aber nicht, wenn sie nicht zuerst die Frucht des Glaubens und des geistlichen Gehorsams in unserem Leben sehen. Welche Botschaft vermitteln wir ihnen? Ob es Ihnen bewusst ist oder nicht: Andere wollen herausfinden, was Glauben eigentlich bedeutet, indem sie beobachten, wie Sie Ihr Leben gestalten. Was ist Ihnen wirklich wichtig? Setzen Sie Ihre Zeit und Ihre Bemühungen so ein, dass sich darin widerspiegelt, wie wichtig Gott und der Glaube für Ihr Leben sind. Wenn Sie Gott zu Ihrer Priorität machen, wird Ihre Treue im Glauben ihn ehren.

> Herr, ich möchte mein Leben so gestalten, dass es dich ehrt. Hilf mir, meine Zeit und meine Mittel für Dinge einzusetzen, die zeigen, dass du meine Priorität bist. Vor allem möchte ich, dass mein Herz nie verschlossen oder geteilt ist, sodass ich anderen Menschen mit einer Großzügigkeit und Aufrichtigkeit begegnen kann, die deine Güte widerspiegeln. Amen.

Aktiv werden

Welche Bereiche in Ihrem Leben wollen Sie Christus ähnlicher machen? Schreiben Sie sie auf eine kleine Karte, die Sie zur Erinnerung bei sich tragen.

Ihre Gedanken

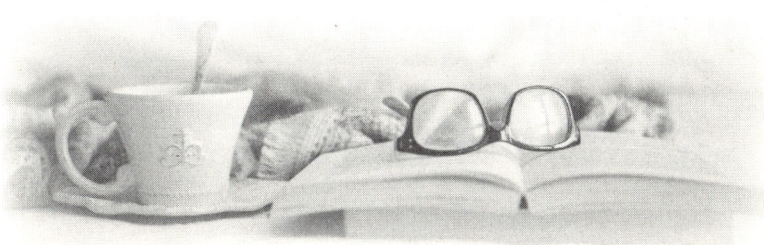

Arbeit – ein Geschenk Gottes

Wenn sie bereit sind zu hören und Gott zu dienen,
werden sie ihre Tage im Glück verbringen und ihr Leben
im Wohlergehen vollenden.
(Hiob 36,11)

Wo Arbeit einmal ein Segen war, ist sie heute zum Fluch geworden. Je jünger die Generation, desto mehr betrachtet sie Arbeit als Plackerei. Arbeit muss aber nicht so wahrgenommen werden! Sie wurde einmal als Segen von Gott verstanden. Menschen leisteten ihre Arbeit so, als täten sie sie „für den Herrn". Irgendwie scheinen wir diese großartige Sicht verloren zu haben. Wenn wir die Arbeit als Strafe oder Last betrachten, wird es uns schwerfallen, morgens aus dem Bett zu steigen und an unseren Arbeitsplatz zu gehen. Wir werden für das Wochenende leben, statt das Geschenk unserer täglichen Aufgaben zu schätzen.

Frauen, die zu Hause arbeiten, um ihre Kinder zu erziehen, sind nicht immun gegen das Syndrom, Arbeit als Plackerei zu verstehen. Für sie kann es sogar noch schlimmer sein, weil sie nicht einmal ein freies Wochenende haben, auf das sie sich freuen können, wenn sie sich einreden, unglücklich zu sein.

Ich möchte Sie aber ermutigen, alles, was Sie tun, als einen Schritt des Gehorsams und des Dienens zu verstehen, den Sie *mit Freude* tun.

Ich glaube, dass wir viel glücklicher – und viel bessere Mitarbeiterinnen, Mütter, Ehefrauen – wären, wenn wir uns wieder die Idee zu eigen machen würden, dass unsere Arbeit, unser Wohlergehen und unser ganzer Besitz Geschenke Gottes sind. Und dass jede Arbeit, jede Tat und jedes Wort ein Ausdruck unserer Beziehung zum Herrn ist.

Unsere eigene Arbeitsauffassung wird auch die Arbeitsauffassung unserer Kinder werden. Wenn wir erkennen lassen, dass wir uns über unsere Arbeit ärgern oder sie hassen, werden auch unsere Kinder mit der Einstellung heranwachsen, Arbeit zu hassen. Wenn wir den richtigen Job haben, wird unser Verhalten eine positive Einstellung zur Arbeit widerspiegeln.

Als Christin sollten Sie die beste Mitarbeiterin in Ihrer Firma sein. Beginnen Sie jeden Tag mit einem Bewusstsein dieser Verantwortung, die ein Privileg ist, und Sie werden feststellen, dass selbst einfache, gewöhnliche Tätigkeiten zu einer Gelegenheit werden, Gott zu ehren.

> Vater Gott, ich hoffe, du siehst Güte in der Art und Weise, wie ich die mir übertragenen Aufgaben erfülle. Ich danke dir für jede Gelegenheit, deine Wahrheit widerzuspiegeln. Das Opfer und die Freude meiner Arbeit bringe ich dir heute als Opfergabe dar. Erinnere mich daran, dass auch meine Einstellung eine Opfergabe ist.

Aktiv werden

Beurteilen Sie, welche Signale Sie über Ihre Einstellung zur Arbeit aussenden. Notieren Sie sich die negativen Signale, damit Sie sie in positive Signale verwandeln können.

Ihre Gedanken

Kostbare Zeit

Doch nun hat das ganze Land Ruhe und Frieden.
Alle freuen sich und jubeln!
(JESAJA 14,7)

Wir wissen nicht immer, was wir mit unserer stillen Zeit anfangen sollen. Ich denke, wir suchen sogar nach anderen Beschäftigungen, weil wir uns in diesen wenigen, kostbaren Momenten des Tages – in der Stille, im Alleinsein, in der Ruhe – nicht wohlfühlen. Können Sie diese Zeiten als großen Schatz betrachten?

Gibt es eine Seite in Ihnen, die sich nach Zeiten der Stille in der Gegenwart des Herrn sehnt? Ich weiß, dass diese Oase in unserem vielbeschäftigten Alltag eher als Luxus und nicht als Notwendigkeit erscheinen kann, aber sie ist tatsächlich die wichtigste Gelegenheit, unsere Seele zu nähren und unsere Beziehung mit Gott zu vertiefen. Unsere stille Zeit ist nicht ein Geschenk, das wir Gott geben – sie ist ein Geschenk, das Gott uns gibt!

Wenn Sie die stille Zeit tatsächlich zu einem festen Bestandteil Ihres Alltags machen, wissen Sie, was für ein außergewöhnliches Geschenk sie ist. Geben Sie dem Herrn einfach Ihre Zeit und sich selbst. Er selbst ist es, der Ihnen den Geist der Stille geben wird. Machen Sie es sich zur Gewohnheit, „Guten Morgen, Herr" und „Guten Abend, Herr" zu sagen. Beginnen und beenden Sie jeden Tag mit einer Zeit, in der Sie einfach bei Gott sind.

Denken Sie daran, für alle Gebetserhörungen dankbar zu sein, die Sie schon erfahren durften. Handeln Sie nach diesem Motto: „Zuerst danken und loben, dann bitten!" Bitten Sie mutig und seien Sie gewiss, dass Gott antworten wird. Doch nutzen Sie zuerst das Vorrecht, Gottes Gegenwart zu genießen. Seine göttliche Treue ist Verheißung und Segen zugleich.

Manchmal fällt es schwer, die Geschenke anzunehmen, die wir am meisten brauchen. Lösen Sie die Geschenkschleife der Gnade, öffnen Sie das Geschenkpapier des Friedens und nehmen Sie das Geschenk in Empfang, das Gott heute für Ihre stille Zeit mit ihm ausgesucht hat. Gottes „Wow!" ist immer besser als ein menschliches „Wow!"

> Jesus, du gibst mir deine Zeit und Aufmerksamkeit. Ich möchte sie mit meiner Bereitschaft und meinem Eifer erwidern, regelmäßig Zeit mit dir zu verbringen. Danke, dass du da bist, wenn ich deinen Namen anrufe. Das Geschenk deiner Gegenwart verwandelt mein Leben. Ich preise dich heute für deine Liebe. Amen.

Aktiv werden

Wählen Sie einen bestimmten Stuhl oder eine Nische in Ihrem Haus als Ort für Ihre regelmäßige stille Zeit. Gestalten Sie diesen Ort einladend mit einer Kerze, einem Platz für Ihre Tasse Tee oder Kaffee und einer Decke, die Sie morgens wärmt. Lesen Sie das folgende Gebet des heiligen Patrick:

> *Christus mit mir*
> *Christus vor mir*
> *Christus hinter mir*
> *Christus in mir*
> *Christus unter mir*
> *Christus über mir*
> *Christus mir zur Rechten*
> *Christus mir zur Linken*
> *Christus, wenn ich aufstehe*
> *Christus, wenn ich schlafen gehe*
> *Christus in jedem Herzen, das an mich denkt*
> *Christus in jedem Mund, der mit mir spricht*
> *Christus in jedem Auge, das mich anschaut*
> *Christus in jedem Ohr, das mich hört.*

Ihre Gedanken

Achten Sie darauf, was Sie anbeten

Von Kindheit an bist du in der heiligen Schrift unterwiesen worden,
und sie kann dich weise machen, die Rettung anzunehmen,
die der Glaube an Christus Jesus schenkt!
(2. TIMOTHEUS 3,15)

Es ist ein wachsender Trend unter christlichen Nachfolgern, ein wenig von dieser Glaubensüberzeugung und ein wenig von jenem Glaubenssystem zu nehmen und das dann mit den Lehren Jesu zu vermischen. Viele scheinen zu vergessen, dass Religion der Versuch des Menschen ist, Gott zu finden und in den Himmel zu kommen, während es im Christentum darum geht, eine persönliche Beziehung zu Gott zu entwickeln, indem wir uns an die grundlegenden biblischen Prinzipien halten.

Ein wahrer Christ weiß, dass Jesus Christus der einzige Weg zu Gott ist. „In ihm allein gibt es Erlösung! Im ganzen Himmel gibt es keinen anderen Namen, den die Menschen anrufen können, um errettet zu werden" (Apostelgeschichte 4,12). Und wir glauben, dass die Bibel das inspirierte Wort Gottes ist und dass es keine andere inspirierte Quelle der Lehre gibt.

> Du aber sollst dich treu an das halten, was ich dich gelehrt habe und was du gelernt und im Glauben angenommen hast, denn du weißt, wer dich unterrichtet hat. Von Kindheit an bist du in der heiligen Schrift unterwiesen worden, und sie kann dich weise machen, die Rettung anzunehmen, die der Glaube an Christus Jesus schenkt! Die ganze Schrift ist von Gottes Geist eingegeben und kann uns lehren, was wahr ist, und uns erkennen lassen, wo Schuld in unserem Leben ist. Sie weist uns zurecht und erzieht uns dazu, Gottes Willen zu tun. Durch die Schrift bereitet Gott uns umfassend vor und rüstet uns aus für alles, was wir nach seinem Willen tun sollen. (2. Timotheus 3,14-17)

Als christliche Nachfolger müssen wir geistliches Unterscheidungsvermögen, um andere Behauptungen zu prüfen. Unsere Autorität ist die inspirierte Heilige Schrift. Alle Überzeugungen und Praktiken unserer Spiritualität müssen auf der biblischen

Wahrheit beruhen und dürfen nicht danach beurteilt werden, wie attraktiv sie vielleicht klingen.

Verinnerlichen Sie das von Gott eingehauchte, erstaunliche Wort Gottes.

> Vater Gott, pflanze mir ein geistliches Unterscheidungsvermögen ins Herz, damit ich weiß, was ich glaube, und mich nicht von Gefühlen leiten lasse. Was für ein wunderbarer Gott du bist! Du wünschst Beziehung und du möchtest, dass ich wachse. Ich möchte mich auf meinem Lebensweg immer an dich und dein Wort halten. Amen.

Aktiv werden
Machen Sie sich klar, worin Ihre Autorität für Ihren Weg mit Gott liegt. Lassen Sie sich in Ihrem Glauben an das Wort Gottes nicht durcheinanderbringen.

Ihre Gedanken

Ein erfülltes Versprechen

Sie wird einen Sohn zur Welt bringen.
Du sollst ihm den Namen Jesus geben, denn er wird sein Volk
von allen Sünden befreien.
(MATTHÄUS 1,21)

Zweifellos mussten die Juden, die zur Zeit Jesu unter der Herrschaft des Römischen Reiches lebten, sich fragen, ob Gott je seine Verheißung erfüllen würde, ihnen einen Retter zu schicken, der sie erlösen und befreien würde. Gott hatte vor langer Zeit einen Befreier versprochen, der sein Volk aus der Knechtschaft befreien würde. Seit über 400 Jahren hatten die Menschen in Israel auf die Erfüllung der Verheißung gewartet. Doch im richtigen historischen Moment teilte der Engel Josef mit, dass Maria einen Sohn gebären würde, der sein Volk aus der Sünde retten würde.

An jedem Weihnachtsfest können wir als Christen feiern, dass Gott seine Verheißung nicht nur für sein auserwähltes Volk, sondern auch für uns erfüllt hat, die früher zu den Heiden gezählt wurden. Und an jedem Osterfest feiern wir die Erfüllung weiterer Verheißungen, die auch meine und Ihre Sünden betreffen. Wir müssen nicht bis zum nächsten Jahr warten, sondern können Gottes Verheißung schon heute in Anspruch nehmen.

„Er hat … die Sünden vieler getragen und ist für die Sünder eingetreten" (Jesaja 53,12). Wie führen Sie Ihr Leben als Empfängerin der Verheißungen Gottes? Wenn Ihnen diese Wahrheit so richtig bewusst wird, dann überlegen Sie, wie Sie Ihren Glauben mit frischer Inspiration und mit neuer Überzeugung leben können.

Wirken diese erfüllten Verheißungen sich so auf Ihr Leben aus, wie Sie es sich wünschen? War diese Auswirkung stärker, als Sie zuerst zum Glauben an Jesus kamen? Wenn Sie morgens aufstehen, denken Sie darüber nach, wie gesegnet Sie sind, weil Sie mit der vollen Gewissheit, dass Gott treu ist, in diesen Verheißungen leben können.

Sie sind eine Frau, die Gottes Verheißungen empfangen hat.

Herr, danke, dass du deine Verheißungen erfüllst. Ich möchte alle Verheißungen, die du mir gegeben hast, in meinem Herzen bewahren. Und wenn ich dein Wort lese, lass mich darin nach deinen Verheißungen suchen. Amen.

Aktiv werden

Lesen Sie noch einmal den Leitvers für heute und setzen Sie Ihren eigenen Namen ein. „Sie wird einen Sohn zur Welt bringen. Du sollst ihm den Namen Jesus geben, denn er wird [*Ihr Name*] von allen [*ihren*] Sünden befreien." Freuen Sie sich über die Erfüllung dieser Verheißung.

Ihre Gedanken

Ihr Ziel finden

Ich will dir den Weg zeigen, den du gehen sollst.
(PSALM 32,8)

Wenn wir keine Ziele haben, werden wir nie wissen, ob wir ein Ziel getroffen oder verfehlt haben. Das ist eine ganz einfache Idee, aber manchmal werden gerade die einfachen Ideen leicht übersehen. Gab es Phasen in Ihrem Leben, als Sie das Gefühl hatten, ziellos vor sich hinzulaufen? Vielleicht geht es Ihnen gerade jetzt so? Solche Zeiten können ein Gefühl der Hoffnungslosigkeit oder des Alleinseins auslösen. Aber Gott ist genau da an Ihrer Seite.

Machen Sie seinen Willen zu dem Ziel, das Sie anstreben. Wenn Sie treu in seinem Wort lesen und regelmäßig beten, wird das Ziel immer klarer hervortreten. Wenn Sie Ihre Füße und Ihr Herz auf Gottes Willen und seine Hoffnung für Ihr Leben gerichtet haben, können Sie zielsicher handeln. Manchen Menschen fällt das leicht, während andere einen Ansporn brauchen, um diese Gewohnheit zu entwickeln. Zu welcher Gruppe gehören Sie? Ganz gleich, wozu Sie am Anfang neigen: Ziele ergeben sich nicht von selbst. Wir müssen uns Zeit für langfristige Überlegungen nehmen, wenn wir für bestimmte Aspekte unseres Lebens einen effektiven Plan entwickeln wollen.

Achten Sie darauf, dass Ihre Ziele überschaubar sind. Ein Zehnjahresplan ist großartig, aber wenn Sie Ihre Motivation aufrechterhalten und Ihren Weg im Einklang mit Gottes Willen gehen wollen, sollten Sie kleinere Ziele setzen, damit Sie für jeden neuen Tag wissen, wie Sie vorgehen sollten.

Wir können unsere Zeit mit Aktivitäten füllen – das ist leicht. Wenn wir aber ein Ziel festlegen wollen, müssen wir über eine entsprechende Absicht nachdenken. Wenn ich mir das Ziel stecke, in diesem Sommer die Bibel zu lesen, mit welchem Buch werde ich anfangen? Wenn ich mehr Bibelverse auswendig lernen will, wann werde ich damit beginnen? Wenn ich noch einmal eine Schule besuchen will, welche Voraussetzungen muss ich erfüllen, um mich in ein Kursprogramm einschreiben zu können?

Unsere Ziele werden zu einer Wegbeschreibung, die uns die nächste Etappe zeigt. Versteifen Sie sich aber nicht so stark auf Ihre Ziele, dass Sie Gelegenheiten zu vernünftigen Änderungen oder sogar zu neuen Zielen verpassen, die Gott Ihnen gibt. Und behalten Sie stets den Punkt im Blick, den Sie erreichen wollen. So werden Sie Ihre Zeit besser einteilen und eine gewisse Befriedigung erfahren, wenn Sie ein klar definiertes Ziel schließlich erreicht haben.

Jesus, ich möchte meinen Blick auf dich richten und Ziele setzen und verwirklichen, die dir gefallen. Leite mich bei meinen Entscheidungen. Hilf mir, dein Angesicht zu suchen und immer nach deinem Willen zu fragen, damit ich immer diejenigen Ziele setze, die du für mein Leben wünschst. Amen.

Aktiv werden

Nehmen Sie sich in dieser Woche Zeit zum Gebet, während Sie eine kurze Liste von Zielen erstellen. Speichern Sie diese Liste auf Ihrem Computer oder hängen Sie sie an Ihr Telefon oder an den Kühlschrank. Tun Sie einen winzigen Schritt, um diesen Zielen näherzukommen.

Ihre Gedanken

Gleichförmigkeit ist keine gute Wunschvorstellung

Friede sei mit euch.
Wie der Vater mich gesandt hat, so sende ich euch.
(JOHANNES 20,21)

In unserer Stadt gibt es Menschen, die glauben, dass wir in einer perfekten Welt leben sollten. Sie setzen ihre ganze Kraft daran, alles zu verhindern, was Lärm verursachen oder der Umwelt schaden könnte. Eine Gruppe möchte zum Beispiel erreichen, dass man am Strand kein Holzfeuer machen darf, während eine andere die Verwendung von Laubbläsern in Parks oder Gärten verhindern will, und es gibt sogar Leute, die verlangen, dass man für einen Limonadenstand eine Genehmigung braucht! Vielleicht geht es ihnen dabei gar nicht so sehr um Perfektion, sondern sie wollen jeden Lebensbereich kontrollieren – so, wie es ihren Vorstellungen entspricht.

Für manche Menschen ist eine solche kontrollierte Umgebung eine Wunschvorstellung, aber das ist unrealistisch. Und wäre es ein Ort der Freude und Liebe? Es klingt nicht danach. Wenn wir ein bestimmtes Idealbild haben, das als einzige Option gilt, lässt das keinen Raum für die Einzigartigkeit der Kinder Gottes oder für die Kreativität und Weitherzigkeit, die man dort antrifft, wo Menschen, die nicht gleich sind, mit einmütigem Herzen zusammenkommen.

Leider haben viele unserer Gemeinden eine bestimmte Vorstellung, wie Christen aussehen sollten und wie sie sein sollten. Wir erwarten, dass alle gleich aussehen und sich gleich verhalten sollten. Ich spreche nicht von dem berechtigten Anliegen der Nachfolger Christi, sich an biblische Prinzipien zu halten und in ihrem Glauben zu wachsen. Ich spreche von der Oberflächlichkeit, mit der wir über andere urteilen, um zu entscheiden, wer wie ein Christ aussieht, wer zu einer Gemeinde passt, wer sich so kleidet und so anbetet, wie es sich „gehört".

Ich glaube, dass unsere Gemeinden schon weit darin gekommen sind, mit offenen Armen Menschen aufzunehmen, die nicht so aussehen wie „Gemeindeleute". Es scheint kein festes Muster zu geben, wie man aussehen oder sich kleiden sollte. Ich denke, dass Jesus sich freut, wenn er das sieht.

Friede sei mit Ihnen und mit allen, die in den Leib Christi aufgenommen werden wollen!

Vater Gott, dein Evangelium zeigt uns, dass du mit unehrlichen Geschäftsleuten, Prostituierten und Angehörigen verachteter Minderheiten in Beziehung getreten bist. Gib mir ein Herz, jeden Menschen anzunehmen, der Zeit mit dir verbringen möchte. Wir brauchen keine perfekten Gemeinden und keine perfekten Menschen. Amen.

Aktiv werden

Überlegen Sie, in welchem Bereich Ihres Lebens Sie nach Kontrolle streben. Könnte es sein, dass Gott lieber möchte, dass Sie ihm die Kontrolle über diesen Bereich überlassen?

Ihre Gedanken

Ein Traum mit Erfüllungsfrist

Denn Weisheit wird in dein Herz kommen,
und die Erkenntnis wird dich mit Freude erfüllen.
(SPRÜCHE 2,10)

Wir alle träumen gern. Einige neigen eher zu Tagträumen als andere, aber ich glaube wirklich, dass Gott möchte, dass wir in seiner Arena groß denken – größer, als wir es je getan haben – und dann im Glauben treu vorangehen.

Ihre Ziele werden zu Trittsteinen auf dem Weg zu diesen Träumen. Und wenn wir ihre Erfüllung erleben, gibt es uns neue Motivation für die Lebensbereiche, die uns wichtig sind. In Sprüche 29,18 steht, dass wir scheitern werden, wenn wir keine Vision haben. Entweder wir gehen vorwärts oder wir fallen zurück – einen neutralen Boden gibt es da nicht. Denken Sie an zwei Dinge, die Sie berücksichtigen sollten, wenn Sie Ziele festlegen:

* *Wie viel?*
* *Bis zu welcher Frist?*

Ich möchte mich zum Beispiel gern gesünder ernähren, mich mehr bewegen und in den nächsten zwei Monaten fünf Kilo abnehmen. Ziele sind nicht in Stein gemeißelt; sie weisen uns nur in die richtige Richtung.

Vielleicht möchten Sie einmal die Bereiche in Ihrem Leben auflisten, in denen Ziele wichtig sind: körperlich, beziehungsbezogen, finanziell, beruflich oder geistlich. Sie sehen schon, was ich meine! Fangen Sie an, Ziele zu setzen, und achten Sie darauf, dass Ihre Ziele messbar sind.

Wie wir bereits gesehen haben, ist es wichtig, dass wir unser Leben zuerst mit Gottes Willen in Einklang bringen. Fragen Sie nach seinem Willen, indem Sie sein Wort lesen und in Ihrer Zeit des Gebets darüber nachdenken. Und gliedern Sie die Liste Ihrer Ziele in Kategorien.

Ich finde, das ist auch eine hervorragende Übung für die ganze Familie. Es gibt bestimmte Ziele – wie monatlich etwas Geld zu sparen – die sich am besten verwirklichen lassen, wenn die ganze Familie mitmacht. Es kann sogar richtig Spaß machen, wenn man gemeinsam Fortschritte erzielt. Weisheit, die wir in die Tat umsetzen, kann großes Vergnügen und Freude bereiten. Ein weiterer großer Vorteil, wenn man Kinder einbezieht, ist der entstehende Lernprozess. Die Kinder entdecken, dass es sich lohnt, auf ein Ziel hinzuarbeiten oder sogar Opfer dafür zu bringen. Ein solches Rollenvorbild im Alltag kann sie positiv beeinflussen. Hoffentlich finden sie diese Erfahrung so gut, dass sie anfangen möchten, sich ihre eigenen Ziele zu stecken.

Gott, durch den Glauben ist uns geschenkt, vom ewigen Leben zu träumen. Ich möchte, dass du mein Leben mit Zielen erfüllst, die dir gefallen. Herr, lass meine Ziele dazu führen, dass deine Träume für mich und meine Familie Wirklichkeit werden. Amen.

Aktiv werden

Legen Sie drei Ziele fest, die Sie in dreißig Tagen erfüllen können. Schreiben Sie diese Ziele auf eine Karteikarte. Am Ende des Monats werden Sie begeistert sein, wenn Sie diese Ziele auf Ihrer Karte abhaken können.

Ihre Gedanken

Wie gehe ich mit einem Teenager um?

[Ich möchte,] dass ihre Herzen gestärkt
und verbunden werden in der Liebe und zu allem Reichtum
an der Fülle der Einsicht.
(KOLOSSER 2,2; LU)

Was ist nur mit diesen süßen, kleinen Kindern passiert, die früher in unserem Haus lebten und spielten? Sie sind Teenager geworden, das ist passiert! Es ist die Lebensphase, in denen sie eine Loslösung vollziehen. Sie sind weder Kinder, noch Erwachsene. Es sind die Jahre, in denen Gott Ihre Theorie der „bedingungslosen Liebe" auf die Probe stellt. Und Ihr Kind stellt Sie ständig auf die Probe, um zu sehen, ob Sie es wirklich lieben.

1. Ich bete, dass die folgenden Überlebenstipps für solche Teenagerjahre Sie ermutigen werden und Ihnen eine Orientierung bieten, wie Sie auch Ihr Kind ermutigen und ihm eine Orientierung geben können.
2. Denken Sie daran, dass Ihre Kinder Gottes Kinder sind; er liebt sie bedingungslos. Und sie werden nicht immer in dieser Phase bleiben (Gott sei Dank).
3. Nehmen Sie nicht alles persönlich, was Ihre Teenager sagen oder tun. Das kann manchmal schwerfallen, weil sie in diesem Alter sehr achtlos und verletzend mit ihren Worten umgehen können.
4. Behalten Sie in Erinnerung, dass Ihre Kinder ein Fundament der Liebe haben, weil Sie sie so erzogen haben. Irgendwann finden sie dahin zurück.

Akzeptieren Sie Ihre Teenager, denn so werden sie sich auch selbst eher akzeptieren. Versuchen Sie, sich Ihren Sinn für Humor zu bewahren. Normalerweise werden Kinder nicht die Erwachsenen, die sie als Teenager waren. Puh, was für eine Erleichterung!

Teenager zu haben wird definitiv Ihr Gebetsleben verbessern. Ob Sie es glauben oder nicht: Ihr Teenager wird Sie zu einem besseren Menschen und zu einer besseren Mutter machen. Knuddeln Sie Ihre Teenager heute und lassen Sie sie wissen, wie sehr Sie sie lieben. Seien Sie eine ermutigende Mutter. Ertappen Sie Ihre Teenager dabei, wie sie etwas gut machen, und loben Sie sie dafür.

> Abba, Vater, ich möchte dir von Herzen für meinen Teenager danken. Ich werde bei dir die Kraft schöpfen, die ich brauche, und ich werde nie aufhören, meiner Familie deine Liebe und Annahme zu zeigen. Du hast mich nie aufgegeben, und ich werde mein Kind nie aufgeben! Amen.

Aktiv werden

Hören Sie einfach nicht auf, Ihre Teenager zu lieben, die Kommunikation offen zu halten, sich für ihre Freunde zu interessieren, mit ihnen zusammen am Frühstücks- oder Mittagstisch zu sitzen. Nehmen Sie sich Zeit für Ihre Kinder in jedem Lebensalter. Ihre Mühe hat einen enormen Einfluss auf die Persönlichkeitsentwicklung Ihres Kindes.

Ihre Gedanken

Schritte zum Verständnis der Bibel

Wenn du mit deinem Mund bekennst,
dass Jesus der Herr ist, und wenn du in deinem Herzen glaubst,
dass Gott ihn von den Toten auferweckt hat,
wirst du gerettet werden.
(RÖMER 10,9-10)

Auch wenn Sie schon sehr lange Christ sind, kommt es entscheidend darauf an, täglich Zeit im Wort Gottes zu verbringen, damit Ihr Glaube und Ihre Erkenntnis wachsen. Es gibt immer neue Dinge, die Gott Ihnen zeigen will, damit Sie seine Weisheit auf Ihr Leben anwenden können. Sie werden nie „ankommen" und den Punkt erreichen, an dem Sie alles wissen. In dem Moment, in dem Sie diesen Eindruck haben, verpassen Sie die erstaunlichen, frischen Impulse, durch die Gott Sie leitet, und Ihr Glauben kann stagnieren. Riskieren Sie nie, im Glauben abzustumpfen. Auf keinen Fall.

Im Lauf der Jahre habe ich mehrere Schritte angewendet, die mir helfen, die Bibel zu verstehen. Hier sind sie:

1. Um Erkenntnis beten. (Lukas 24,27+32)
2. Die Bibel lesen – wählen Sie ein Buch der Bibel und fangen Sie an, es so zu lesen, wie auch jedes andere Buch. (Jesaja 34,16; 5. Mose 17,18-20)
3. Die Bibel glauben – Sie müssen glauben, was Sie lesen. (Hebräer 4,2; Jakobus 1,5; 2. Timotheus 3,16)
4. Die Bibel markieren – unterstreichen oder markieren Sie beim Lesen Verse, die Ihnen besonders viel zu sagen haben. (Sprüche 3,3)
5. Die Bibel abschreiben – schreiben Sie Verse, die Ihnen besonders wichtig geworden sind, in ein Notizbuch, in ein Tagebuch oder auf Karteikarten, die Sie bei sich tragen können. (5. Mose 6,6-9; Kolosser 3,16)

6. Die Bibel befolgen – Ihr Ziel muss sein, dem zu gehorchen, was Gott Ihnen sagt; sonst nützt Ihnen die Heilige Schrift nichts. (Johannes 14,23)
7. Die Bibel gebrauchen – als Jünger des Herrn müssen wir sein Wort lesen, um es an die Menschen in unserem Leben weiterzugeben. Wie werden wir es in unserem täglichen Leben selbst anwenden? (Galater 6,6)

Verpassen Sie die Botschaft und den Herzenszuspruch nicht, den Gott heute oder morgen oder am folgenden Tag für Sie hat. Ihre Beziehung zu ihm ist lebendig und aktiv. Leben Sie nach dieser Wahrheit und glauben Sie sie mit jedem Atemzug.

Herr, hilf mir, täglich ein Verlangen nach deinem Wort zu haben. Lass mich langsam vorgehen und jeden Vers Wort für Wort betrachten. Ich möchte in deine Gegenwart eintauchen und sie immer mehr erkennen. Danke für jede Inspiration, die du mir schenkst. Amen.

Aktiv werden
Fangen Sie heute an, diese sieben Prinzipien anzuwenden, um Ihr Bibellesen zu verbessern. Schreiben Sie in Ihr Tagebuch, wie das Ihre Beziehung zu Ihrem Schöpfer verändert.

Ihre Gedanken

Heute ist der Tag

Was ihr jetzt braucht, ist Geduld,
damit ihr weiterhin nach Gottes Willen handelt.
Dann werdet ihr alles empfangen, was er versprochen hat.
(HEBRÄER 10,36)

Wenn Sie dazu neigen, Dinge hinauszuschieben, kann die Vorstellung sehr frustrierend sein, Ziele, Absichten oder Projekte in Gang zu setzen! Ich kann Sie nur zu gut verstehen. Und wenn Sie schon einmal etwas Produktives angefangen, aber nicht zu Ende gebracht haben, wird der Stachel dieses Scheiterns dazu führen, dass Sie beim nächsten Mal lieber gar nicht erst anfangen wollen.

Vielleicht sind Sie ein Mensch, der einen Anstoß braucht. Oder einen kleinen Schubs. Das klingt zwar nicht nach einer freundlichen Geste, doch das ist es tatsächlich. Ich möchte Ihnen helfen, ein Projekt zum Abschluss zu bringen. Arbeiten wir zusammen. Diese Hinweise können Ihnen helfen, den Anfang zu machen:

- *Teilen Sie überwältigend erscheinende Aufgaben in kleinere Happen auf.*
- *Sehen Sie den Aufgaben, die Sie erledigen müssen, ins Auge – konzentrieren Sie sich darauf. Aufgaben verschwinden nicht, wenn sie ignoriert werden.*
- *Teilen Sie einer Freundin Ihr Vorhaben mit und bitten Sie sie, nachzufragen, ob Sie damit angefangen haben.*
- *Legen Sie unbedingt eine Frist fest. Nicht alle Projekte müssen heute erledigt werden.*
- *Wenn Sie eine Frist nicht eingehalten haben, lassen Sie sich dadurch nicht abhalten, Ihren Plan weiterzuverfolgen.*
- *Geben Sie sich selbst eine Belohnung, wenn Sie die Aufgabe erfüllt haben, sei es für sich selbst oder für Ihre ganze Familie.*

Ihr Projekt kann etwas ganz Einfaches sein, wie zum Beispiel, Ihren Schreibtisch zu ordnen oder einen Schrank auszumisten. Es kann auch eine größere Aufgabe sein, wie Ihre Lebensversicherung zu überprüfen oder ein Zimmer zu renovieren. Haben Sie den Mut, aktiv zu werden. Lassen Sie sich nicht durch Gedanken wie „Aber was, wenn …?" oder „Ich werde bestimmt …" oder „Das mache ich dann morgen" aufhalten.

> Herr, gib mir den Mut, neu zu versuchen, meine Ziele zu erreichen. Erinnere mich daran, dass ich meine Wünsche und Bemühungen aus Treue zu dir als Opfergabe in deine Hand lege. In diesem Bereich muss ich noch wachsen und ich bin gespannt auf das, was sich hier entfalten wird. Amen.

Aktiv werden
Seien Sie gut zu sich selbst, wenn Sie ein neues Projekt in Angriff nehmen. Wenn die Dinge nicht so klappen, wie erhofft, gehen Sie gnädig mit sich selbst um. Gott tut das jedenfalls!

Ihre Gedanken

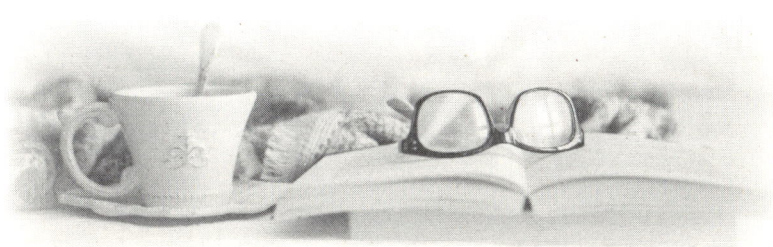

Bitte schnell, Gott!

*Die Ehrfurcht vor dem Herrn schenkt Leben und Sicherheit
und bewahrt vor Unglück.*
(SPRÜCHE 19,23)

Ich möchte, dass Gott alles in Ordnung bringt – *jetzt*! Ich vergesse, dass Gottes Uhr anders tickt als meine Armbanduhr. Geht es nicht uns allen manchmal so? Vielleicht läuft es bei der Arbeit nicht so gut oder Sie müssen eine Entscheidung treffen, die sich nicht nur auf Sie, sondern auch auf Ihre Familie auswirken wird.

Wenn wir unter Druck geraten, ist es weise …, nein, sogar notwendig, sich daran zu erinnern, wer die Macht hat. Gott ist größer als unsere Angst, und ist es recht, *ihn* zu fürchten. Ihn zu ehren. Ihn zu achten. Ihm zu vertrauen. Wenn Sie sich mit Ihren augenblicklichen und langfristigen Anliegen an Gott wenden, geht Ihr Vertrauen nie ins Leere.

So mache ich es, wenn ich in meinem Leben auf ein Hindernis stoße. Ich lese Gottes Wort. Und ich vertraue darauf. „Die, die auf den Herrn warten, gewinnen neue Kraft" (Jesaja 40,31). Ich glaube, dass das Warten, auch wenn es unbequem oder sogar schmerzlich sein kann, ein Weg ist, unser Vertrauen auf den Herrn zu setzen und neue Kraft zu gewinnen. Tatsächlich wird Gott Ihnen und mir heraushelfen, aber zu seiner Zeit und nicht immer so schnell, wie wir es uns wünschen.

Es kann sein, dass die Hilfe schon unterwegs oder in Reichweite ist, während ich noch unruhig und besorgt bin, weil ich keine Hilfe sehe. Ich muss einfach auf Gottes Timing und seine Treue zu mir als seinem Kind vertrauen. Er erhört mein Gebet, wie er Davids Beten hörte. Und ich weiß die liebevolle Geduld zu schätzen, mit der Gott mir in diesem Prozess begegnet.

Für den Augenblick sollte unsere Parole sein: „Ich warte auf dein Wort für mein Leben, Gott. Gern warte ich auf deinen guten und vollkommenen Willen." Machen Sie sich diesen Vers zu eigen, statt ihn nur zu lesen und zu schätzen. Machen Sie dieses

Wort zu Ihrer Einstellung, Ihrem Motto, Ihrer Mission und Ihrem Weg durch jede Phase des Wartens und Hoffens.

Vater Gott, verlangsame mein Tempo. Du bist groß und Ehrfurcht erweckend. Danke für die einfachen Erinnerungen daran, wer du bist und was du für mich und meine Familie getan hast. Lege den starken Wunsch in meine Seele, heute im Gebet und im Lesen der Bibel Zeit mit dir zu verbringen. Lass mich stillstehen und meinen Zeitplan ganz vergessen. Gib mir ein geduldiges Herz, damit ich bereitwillig warten kann, bis deine Güte in meinem Leben offenbar wird. Ich glaube an diese Güte und preise dich dafür. Amen.

Aktiv werden
Schauen Sie nicht auf Ihre Uhr oder auf Ihren Terminkalender, sondern treten Sie einen Schritt zurück und betrachten Sie Ihre Situation aus der Perspektive des göttlichen Zeitplans.

Ihre Gedanken

Wo sind Ihre Schätze?

Denn wo dein Schatz ist, da ist auch dein Herz.
(MATTHÄUS 6,21; LU)

Wir müssen sorgfältig wählen, was wir als unseren Schatz betrachten, denn unser Herz wird folgen. Vor langer Zeit sagte Jesus, dass unser Herz sich da befindet, wo unsere Schätze sind. Wenn wir das ganz praktisch verstehen, erinnert Jesus uns daran, dass unser Herz und unser Interesse und unsere Hingabe den Dingen gelten, denen wir in unserem Leben Priorität geben und Bedeutung beimessen.

Das ist so wahr. Doch vielleicht wollen wir es nicht glauben, besonders wenn wir erkennen, dass wir in den letzten Jahren viel Wert auf Geld oder Kleidung gelegt haben. Oder den Groll so wichtig nahmen, den wir gegen einen anderen Menschen hegen. Unser „Schatz" könnte tatsächlich etwas sein, das nicht im Mittelpunkt unserer Zeit, unserer Kraft und unserer Entscheidungen stehen sollte. Ich erinnere mich an einen kirschroten 1964er-Mercedes, den wir einmal besaßen. Die Lackierung war großartig, die Polsterung war wie neu und das Chrom glänzte. Der Wagen war Bobs ganzer Stolz, und er fuhr ihn jeden Abend in die Garage. Einmal, als Bob und ich eine Woche lang als Referenten unterwegs waren, kam unser Sohn während der Wintersemesterferien nach Hause. Auch einige seiner Studienfreunde waren da, und sie beschlossen, zum Skifahren in die Berge zu fahren. Das Auto, das sie für diese Tour wählten, war natürlich Bobs Schatz. Sie montierten einen Dachgepäckträger, schnallten ihre Skier darauf fest und fuhren los. Nachdem sie einige Tage Ski gefahren waren, fuhren sie den Berg hinunter nach Hause; dabei lockerte sich der Gepäckträger und fing an, den Lack auf dem Dach zu zerkratzen. Den Schaden bemerkten sie aber erst, als sie zuhause angekommen waren und die Skier abluden. Oh Mann, wie sollte unser Sohn das seinem Vater bloß beibringen? Sein perfekter Schatz war nicht mehr perfekt.

Als wir es erfuhren, mussten wir entscheiden, was unser Schatz im Leben sein sollte. Auf dem gesamten Hintergrund unseres Lebens war unser Auto nicht so wichtig wie Bobs Beziehung zu unserem Sohn. Denn die Beziehung als tatsächlich wichtige Erbstück wird oft ein Zeichen des Glaubens, der Standfestigkeit und des Vertrauens auf den Herrn.

Es sind die zeitlosen Schätze, die unsere Werte bestimmen, nicht wahr? Liebe, Freude, Glaube, Hoffnung, Familie. Wir können viele gute, zeitlose Schätze haben. Stellen wir sicher, dass wir in solche Dinge investieren, die jetzt und in der Ewigkeit wirklich zählen.

Vater Gott, die Schätze der Vergangenheit sollen mich an deine Liebe und den wahren Schatz des Himmels erinnern, der mich in der Zukunft erwartet. Bewahre mich davor, für triviale oder schädliche Dinge Zeit zu investieren und Mittel zu vergeuden. Ich möchte, dass mein Herz von all dem erfüllt ist, was dir wichtig ist. Amen.

Aktiv werden

Denken Sie über Ihre Prioritäten nach und zählen Sie sie in der Reihenfolge ihrer Wichtigkeit auf. Ordnen Sie die Rangfolge neu, wenn es nötig ist. Das kann auch eine sehr aufschlussreiche Übung für die ganze Familie sein!

Ihre Gedanken

Mit dem Alter werden wir besser

Feste Nahrung dagegen ist für die Menschen,
die erwachsen und reif sind, die aufgrund ihrer Erfahrung
gelernt haben, zwischen Gut und Böse zu unterscheiden.
(HEBRÄER 5,14)

Uns Frauen kann das Alter und unser Älterwerden sehr zu schaffen machen. Ich glaube zwar, dass vieles, was wir in den Medien sehen und hören, solche Gefühle verstärken kann, aber ein großer Teil unserer Schwierigkeiten und vielleicht die anfänglichen Gefühle kommen aus uns selbst. Wenn wir Selbstzweifel haben, unsicher sind, was unsere Bestimmung ist, und vergessen, wer wir als Gottes Kinder sind (ganz gleich, in welchem Alter), werden wir uns auf die falschen Dinge konzentrieren. Dinge wie momentane Erfolge, äußere Erscheinung und andere Bereiche im Leben, die uns eher ablenken, als unsere Entwicklung zu fördern.

Wenn Sie das Gefühl haben, dass die Welt Sie vergessen wird, wenn Sie älter werden, denken Sie daran, dass Gott das ganz anders sieht. Er möchte nicht, dass wir geistlich unreif bleiben. Jedes Lebensjahr ist ein Jahr, in dem wir mehr darüber entdecken können, wer Gott ist und wer wir in Gott sind. Jede Frau ist einzigartig. Und Gott liebt eine jede von uns in der Einzigartigkeit unseres Herzens und unserer Seele.

Ich möchte Ihnen einige Gedanken über das Altern mitteilen. Wer denkt schon gern darüber nach? Nun, ganz einfach, das Alter wird kommen. Und jede neue Lebensphase bringt vielfältigen Segen mit sich. Für mich persönlich gehört zu diesem Segen, dass ich Ihnen einige weise Einsichten weitergeben kann, die ich im Rückblick gewonnen habe.

Viele der dreißig- bis vierzigjährigen Frauen, denen ich begegne, machen sich so viele Gedanken über ihre berufliche oder finanzielle Entwicklung – sie hatten erwartet, in diesem Alter viel weiter gekommen zu sein. Ich vermute, viele von uns glauben, dass wir in irgendeinem Jahr den Punkt erreichen, uns endlich ein für alle Mal sicher und geborgen zu fühlen. Wir wissen jedoch, dass unsere einzige wirkliche Sicherheit in Christus liegt. Und diese Sicherheit haben wir schon jetzt. In diesem Moment!

Ich möchte Ihnen heute Mut machen, darauf zu vertrauen, dass das Leben mit jedem neuen Jahrzehnt reicher wird. Jedes Lebensalter hat so viel zu bieten, darunter auch neue Wege, Gott zu erkennen und ihm zu vertrauen. Man kennt sich selbst besser. Man hat erfahren, wie Gott im eigenen Leben gewirkt hat, und kann diese Erfahrung an andere weitergeben. Und man findet viel mehr Freude an einfachen Zeiten der Begegnung mit Freunden und Familienmitgliedern.

Ich liebe das Zitat: „Heute bist du älter als je zuvor und jünger, als du es je wieder sein wirst." Kosten Sie jede Minute aus und werfen Sie Ihre Sorgen auf den Einen, der Sie in jeder Lebensphase liebt.

Ewiger Gott, danke für das Leben, das ich schon hatte, und für jeden neuen Tag meiner Zukunft. Ich bin wirklich gespannt auf das, was noch kommen wird. Ich möchte, dass mein Glaube immer tiefer und mein Leben reicher wird. Amen.

Aktiv werden

Tun Sie irgendetwas Verrücktes, das Sie als Kind manchmal gemacht haben. Aber es soll auf jeden Fall etwas sein, das Sie zum Lachen bringt! Feiern Sie Ihr Leben in jeder Phase und geben Sie Gott die Freude zurück, die er Ihnen schenkt!

Ihre Gedanken

Heute Raum für Gott schaffen

Glaubt an den Herrn, euren Gott, dann werdet ihr siegen!
(2. CHRONIK 20,20)

Wäre es nicht herrlich zu wissen, dass alles, was wir uns heute in den Kopf setzen und was unser Herz sich erträumt, gelingen würde? Es gibt aber keine Garantien – wir werden nicht bei jedem Versuch erfolgreich sein. Aber, liebe Freundin, Gott wird Sie auffangen. Er wird Sie nicht in den Bruchstücken des Scheiterns stranden lassen. Er wird Sie mit Hoffnung und Glauben in eine Zukunft führen.

Versuchen Sie heute, Raum für das zu schaffen, wozu Gott Sie aufruft, herausfordert oder leitet. Das sage ich nicht einfach nur, um Sie zu ermuntern, sondern es ist wirklich entscheidend. Vertrauen Sie den Impulsen, durch die Gott Sie leitet. Glauben Sie, dass er bei jedem nötigen Schritt mit Ihnen sein wird.

Wenn wir *mit* Glauben einen Glaubensschritt wagen, entdecken wir, welche Freude es macht, Gott zu vertrauen. Die meisten von uns brauchen eine Ermutigung, um in einer Sache aktiv zu werden, die uns ins Herz gelegt wurde. Welchen Impuls hat Gott Ihnen gegeben? An Ihre Zukunft zu glauben? Wenn Sie nicht sicher sind, überlegen Sie, welche Möglichkeiten Ihnen durch den Sinn gehen, sobald Sie ein wenig Zeit zum Nachdenken haben. Um was kreisen Ihre Gedanken und Gebete? Wenn es Ihnen so geht wie mir, dann gibt es da zuerst diesen Funken großer Hoffnung, doch bald darauf sind die Inspiration und der Moment verflogen und Sie sagen sich: „Eines Tages werde ich die Zeit finden und es richtig machen …, aber nicht jetzt."

Die Zeit vergeht schnell. Schieben Sie Gottes Impulse nicht auf.

Ist Ihnen denn bewusst, dass Erfolg gar nicht unsere Verantwortung ist? Wir haben nur die Aufgabe, einfach zu tun, was Gott uns sagt: anderen Menschen von ihm erzählen, denen helfen, die in Schwierigkeiten sind, und ein integres Leben führen.

Die Ergebnisse sollen wir ihm überlassen. Vielleicht werden wir nie erfahren, was unser liebevolles Handeln bewirkt. Vielleicht dürfen wir aber auch mit Freude sehen, was unsere „Saat" bewirkt hat. Wie auch immer: Unsere Aufgabe ist, treu und gehorsam zu sein, und dazu gehören auch Schritte hin zu dem Traum, den Gott in Ihr Herz gelegt hat. Für das Übrige wird unser Gott sorgen.

Eigentlich ziemlich einfach, finden Sie nicht auch?

Gott, ich möchte in allem, was ich tue, deine Auffassung von Erfolg haben. Lass mich nie zurückschrecken, nur weil ich Angst habe zu scheitern. Bitte hilf mir zu erkennen, dass du durch die Schwächen deiner Kinder Wunder wirkst, und dass du verherrlicht wirst, wenn ich es versuche und gute Dinge sich entfalten. Amen.

Aktiv werden

Versuchen Sie, Raum für alles zu schaffen, wozu Gott Sie aufruft, herausfordert oder leitet. Welchen Impuls haben Sie im größten Teil Ihres Lebens ignoriert? Tun Sie heute einen kleinen Schritt in diese Richtung.

Ihre Gedanken

Sie sind wertvoller als ein Spatz

Habt keine Angst,
denn ihr seid [Gott] wertvoller als ein ganzer Schwarm Spatzen.
(LUKAS 12,7)

Wir leben in einer Welt, die aus dem Blick verloren hat, wie wertvoll der Mensch ist. In den Augen vieler Menschen haben wir den gleichen Wert wie Vögel, Hunde, Katze und Pferde – und nicht mehr. Doch Gott hat uns, seinen menschlichen Geschöpfen, einen hohen Wert beigemessen. Und er nimmt großen Anteil und kümmert sich um uns, wenn wir in Schwierigkeiten geraten.

1905 verfasste Civilla D. Martin ein wunderbares Loblied mit dem Titel „His Eye Is on the Sparrow".[1] Der Text dieses Liedes hat viele Menschen inspiriert, die krank waren und nicht wussten, ob sie wieder gesund werden würden, oder die zweifelten, ob Gott ihre Not überhaupt bemerkte. Das Lied, das seine Aussage aus der Bibel schöpft, war eine große Ermutigung für viele Menschen, indem es uns bewusst macht: Wenn Gott schon über kleine Spatzen wacht, wird er gewiss auch über uns wachen. Denken Sie über die folgenden Bibelverse nach und nehmen Sie Gottes Liebe, Aufmerksamkeit und Fürsorge tief in sich auf:

Schaut die Vögel an. Sie müssen weder säen noch ernten, noch Vorräte ansammeln, denn euer himmlischer Vater sorgt für sie. Und ihr seid ihm doch viel wichtiger als sie. (Matthäus 6,26)

Nicht einmal ein Spatz, der doch kaum etwas wert ist, kann tot zu Boden fallen, ohne dass euer Vater es weiß. Selbst die Haare auf eurem Kopf sind alle gezählt. Deshalb habt keine Angst; ihr seid Gott kostbarer als ein ganzer Schwarm Spatzen. (Matthäus 10,29-31)

---

1 Sein Auge wacht über dem Spatzen.

Kürzlich wurde bei einem guten Freund, den ich seit über fünfundvierzig Jahren kenne, eine schlimme Form von Krebs diagnostiziert. Während seiner Krankheit nahm er diesen Liedvers für sich in Anspruch: „Sein Auge wacht über dem Spatzen, und ich weiß, er wacht auch über mich." Mein Freund konnte zwar auf der Erde nicht geheilt werden, aber es war ihm eine sichere Ermutigung zu wissen, dass Gott fähig ist, für uns alle zu sorgen.

Gott erinnert uns in seinem Wort und durch die Art und Weise, wie er uns liebt, immer wieder daran, wie viel wir ihm bedeuten und dass er in allem für uns sorgt, worauf es ankommt.

> Vater Gott, du bist unser Schöpfer und du hast für alles vorgesorgt, was wir im täglichen Leben brauchen. Ich danke dir einfach für den heutigen Tag. Ich möchte aufhören, nach vorn oder zurück schauen, sondern versuchen, beständig nach oben zu schauen. Amen.

Aktiv werden

Schauen Sie sich um und sehen Sie, wie Gott für Sie gesorgt hat. Danken Sie Gott für seine Versorgung und zählen Sie dann alle diese Dinge auf, um Ihr Herz zu ermutigen und Gott für seinen reichen Segen zu preisen.

Ihre Gedanken

Sich erinnern oder vergessen

Dies ist mein Leib, der für euch gegeben wird.
Tut das zur Erinnerung an mich.
(LUKAS 22,19)

Ich liebe Familientreffen, weil wir uns dann immer an Begebenheiten aus der Vergangenheit erinnern. Unsere Geschichte gewinnt an Bedeutung, wenn wir uns daran erinnern, was wir durchgemacht haben und wie Gott in dieser ganzen Erfahrung bei uns war. Erinnerung ist wichtig, doch manchmal haben wir einen geistlichen Gedächtnisschwund. Dem jüdischen Volk wurde immer wieder gesagt, dass es das Gesetz seines Gottes vergessen hatte. Zum Beispiel:

- *„Ihr wolltet nichts mehr von dem Fels wissen, der euer Vater war, und habt den Gott vergessen, der euch geboren hat."* (5. Mose 32,18)
- *„Ich war es doch, der in der Wüste für dich gesorgt hat, in trockenem, dürrem Land. Doch sobald du gegessen hattest und satt warst, bist du hochmütig geworden und hast mich vergessen."* (Hosea 13,5-6)

Lassen Sie uns nicht zu Frauen werden, die vergessen haben, was Gott getan hat. Wenn wir Gottes Wort lesen, werden wir an seine Treue, seine Kraft und seinen Wunsch nach Beziehung erinnert. Das wird uns auch daran erinnern, was wir täglich tun sollten, damit wir über der Geschäftigkeit des Alltags Gott nicht vergessen. Ich fühle mich Gott am nächsten, wenn ich mir die Verheißungen ins Gedächtnis rufe, die er uns gegeben hat. In Gottes Wort wird uns gesagt, dass er an seine Verheißungen denkt. Zum Beispiel:

- *„[Er] vergisst niemals seinen Bund."* (Psalm 111,5)
- *„Er hat seine Versprechen nicht vergessen, Israel zu lieben und ihm treu zu sein."* (Psalm 98,3)

- „*Ich – ich allein – bin es, der deine Übertretungen um meiner selbst willen tilgt und nicht mehr an deine Sünden denkt.*" (*Jesaja 43,25*)

Das größte Gedächtnis gilt dem, was Jesus am Kreuz für uns getan hat – jedes Mal, wenn wir das Mahl des Herrn feiern. In vielen Gemeinden sind am Abendmahlstisch die Worte angebracht: „Dies tut zu meinem Gedächtnis."

Wenn Sie am Mahl des Herrn teilnehmen … und wenn Sie einen neuen Tag beginnen oder sich mit Freude an Gottes Treue erinnern …, tun Sie es im Gedenken an Jesus.

Vater Gott, lass mich richtig unterscheiden, was in Erinnerung behalten oder vergessen werden sollte. Ich danke dir, dass du mir vergeben hast und nicht mehr an mein altes Ich denkst. Ich lebe jeden Tag dankbar in dem neuen Leben, das du mir gegeben hast. Amen.

Aktiv werden

Schreiben Sie auf ein Blatt Papier, was Sie vergessen und woran Sie sich erinnern wollen. Sprechen Sie mit einer Freundin über diese Liste.

Ihre Gedanken

Lassen Sie das Erbe weiterleben

Und du selbst sei ihnen in allem ein gutes Vorbild.
(TITUS 2,7)

Achten Sie einmal auf Ihre Worte und beobachten Sie, was Sie tun. Stimmt das, was Sie sagen und tun, mit dem überein, was Sie zu glauben behaupten? Es ist hart, sich dieser Prüfung zu stellen. Aber es ist wichtig, besonders wenn Sie Kinder erziehen. Haben Sie schon einmal erlebt, wie Ihre unfreundlichen Worte oder Ausdrücke durch Ihr Kind in Miniaturform zu Ihnen zurückhallten? Oh, wie ernüchternd. Und wenn das passiert ist, ist die Wahrscheinlichkeit hoch, dass es auch einmal in Gegenwart anderer passieren wird. Und dann ist es doppelt so peinlich, wenn Ihnen ein gar nicht so glänzendes Bild zurückgespiegelt wird!

Eine Übereinstimmung in Verhalten, Einstellung und Disziplin ist natürlich nicht nur wichtig, weil Sie Kinder haben. Wichtig ist sie, weil es richtig ist, so zu handeln. Und ein Verhalten, das mit dem Glauben übereinstimmt, ist nicht nur wichtig, weil unsere Kinder es widerspiegeln können, sondern weil wir unseren himmlischen Vater widerspiegeln.

Wenn wir Ruhe und Geduld als Werte propagieren, reagieren wir mit Geduld, wenn wir an der Supermarktkasse in einer langsamen Schlange stehen? Auch wenn Sie es gerade eilig haben, halten Sie einen Moment inne und bitten Sie Gott um klare Gedanken und einen klaren Blick, um zu erkennen, wo eine Hilfe nötig ist, die Sie geben können. Es braucht nicht viel, um einer anderen Person den Tag aufzuhellen und ihre Stimmung zu heben. Schauen Sie einmal bei ihrer Nachbarin vorbei, einfach um Hallo zu sagen. Schreiben Sie einer Freundin eine kleine Notiz, um Danke zu sagen. Schicken Sie eine Karte mit etwas Taschengeld an einen Studenten, der vor dem Abschlussexamen steht. Schenken Sie Fremden und Arbeitskollegen ein aufrichtiges Lächeln. Sprechen Sie ein ehrliches „Danke!" aus.

Lassen Sie Ihr Leben für alle Menschen Ihrer Umgebung ein einfaches Beispiel sein. Enttäuschen Sie Gott nicht. Machen Sie ihn stolz auf sein Kind.

Vater Gott, ich brauche deine Leitung, damit ich für meine Kinder und meine Enkel ein Vorbild sein kann. Hilf mir, immer das Beispiel einer Frau zu sein, die nach deinem Willen lebt. Ich möchte das, was ich anderen predige, selbst praktizieren. Und ich möchte so leben, wie es meinem Glauben entspricht. Amen.

Aktiv werden
Tun Sie heute etwas, an das Ihre Kinder sich gern als Vorbild erinnern werden, nachdem Sie längst nicht mehr da sind.

Ihre Gedanken

Gott liebt Sie

Gott, der euch Hoffnung gibt,
[erfülle] euch in eurem Glauben mit Freude und Frieden ...,
sodass eure Hoffnung immer größer wird
durch die Kraft des Heiligen Geistes.
(RÖMER 15,13)

Wenn das Leben schwierig wird oder der Alltagsstress Sie überrollt, könnte es sein, dass Sie aus eigener Kraft und nach Ihrer eigenen Theologie leben. Das Evangelium nach Ihnen. Und das ist – glauben Sie mir – keine gute Orientierung. Wenn wir aus unserem eigenen Brunnen schöpfen, werden unsere Ressourcen bald erschöpft sein. Wir verlieren an Elan, Motivation und Lebenssinn. Das alles gewinnen wir jedoch, wenn wir aus der unendlichen Quelle Gottes schöpfen.

In Wirklichkeit gehen Sie wahrscheinlich viel fordernder und kritischer mit sich selbst um, als Gott es tun würde. Glauben Sie das, was Gott über Sie glaubt! Hier sind einige einfache Gedanken, die Sie in den Tag mitnehmen können:

- *Weil Gott Sie liebt, hat er lange mit Ihnen Geduld.*
- *Weil Gott Sie liebt, behandelt er Sie nicht als manipulierbares Objekt.*
- *Weil Gott Sie liebt, ist er für Sie.*
- *Weil Gott Sie liebt, arbeitet er geduldig mit Ihnen – selbst wenn Sie kurz davor stehen, aufzugeben.*
- *Weil Gott Sie liebt, sagt er nie, dass es für Sie keine Hoffnung gibt. Er arbeitet geduldig mit Ihnen, liebt Sie und bietet Ihnen gute Entscheidungen für Ihr Leben an.*
- *Weil Gott Sie liebt, war er bereit, seinen einzigen Sohn am Kreuz für Ihre gestrigen, heutigen oder morgigen Sünden sterben zu lassen.*

Fühlen Sie diese Liebe? Können Sie sich selbst in diesem Licht sehen und Ihr Leben in einem neuen Licht betrachten? Wenn Sie Zweifel an Ihrem Selbstwert haben, kehren Sie zu dieser Liste zurück und genießen Sie diese Erinnerung. Leben Sie als die geliebte Königstochter, die Sie sind.

Gott, ich möchte jeden Morgen aufwachen und den Gedanken ergreifen, dass du mich liebst. Ich möchte deine Liebe von ganzem Herzen glauben. Ich möchte das glauben, was du über mich und mein Leben glaubst. Ich möchte aus dem unendlichen Brunnen deiner Liebe mein Selbstwertgefühl schöpfen. Amen.

Aktiv werden

Verbringen Sie mehr Zeit in Gottes Wort, um Ihre eigene Liste über Ihre Identität und Ihren Selbstwert in Christus zu erstellen. Tragen Sie diese Liste bei sich!

Ihre Gedanken

Durch Probleme wachsen wir

Wenn in schwierigen Situationen euer Glaube geprüft wird,
dann freut euch darüber.
Denn wenn ihr euch darin bewährt, wächst eure Geduld.
(JAKOBUS 1,2-3)

Sich über Schwierigkeiten freuen? Das dürfte vielen von uns schwerfallen. Ich für meinen Teil gehöre zu den Menschen, die morgens beim Aufwachen zuerst an die Probleme denken, die auf mich zukommen könnten, damit ich versuchen kann, sie von vornherein auszuschalten. Und wenn mir keine Lösung einfällt, suche ich nach einem Umweg. Daraus lässt sich wohl schließen, dass ich generell zu der Auffassung neige, dass aus Problemen nichts Gutes entstehen kann. Teilen Sie diese Auffassung? Nun, ich muss es leider sagen: Wir beide müssen umdenken.

Die Bibel sagt, dass Probleme unseren christlichen Lebenswandel stärken. Seien Sie also froh – ja wirklich, froh – dass Sie sie haben. Hier ist ein Gebet, das ich spreche, um ein Herz zu bekommen, das für Hindernisse dankbar ist: „Gott, danke, dass du mich liebst. Ich verstehe schon, was du tust, wenn du mir ein neues Problem gibst. Aber könntest du bitte langsam anfangen? (Ich bin nicht so schnell im Lernen.) Ich habe es nicht allzu eilig, zu den geistlichen Riesen zu gehören!"

- *Schwierigkeiten scheinen uns demütiger zu machen – weil wir merken, dass wir im Leben nicht allein klarkommen, sondern Gottes Hilfe brauchen.*
- *Stolpersteine bewirken, dass wir Segen mehr zu schätzen wissen – weil wir erkennen, wie oft wir auf ebenen Wegen gehen dürfen.*
- *Herausforderungen machen uns stark – weil wir aus dem Wort Gottes, aus seinen Verheißungen und aus seinen Absichten Kraft schöpfen, sodass wir das Problem durchstehen können, bis es hinter uns liegt.*

- *Fragen und Bedenken machen uns weise — weil wir nach Gottes Antworten und seiner Einsicht suchen.*

Eine Welt ohne Probleme wäre eine Welt ohne Lösungen. Wenn Sie über Ihren Glaubensweg nachdenken, schauen Sie einmal, wie oft Ihre innige Verbindung zu Gott und eine tiefere Erkenntnis Gottes mit der Lösung für ein Problem oder der Antwort auf eine Frage zu tun hatten. Probleme helfen uns, Gott als den zu sehen, der er ist – unser Heiland, unser Schöpfer und der allmächtige Lenker unseres Lebens.

> Herr, du weißt alles, was man über die Welt wissen kann, und du weißt auch alles über mich und meine Probleme. Du achtest auf jede einzelne Frage und Schwierigkeit, die ich habe. Danke, dass ich dir so wichtig bin. Amen.

Aktiv werden
Machen Sie sich bereit, zukünftigen Problemen im Glauben zu begegnen. Sie werden bestimmt schon bald auf ein neues Problem stoßen. Seien Sie bereit.

Ihre Gedanken

Ein Leben guter Entscheidungen

Die Ehrfurcht vor dem Herrn ist der Anfang der Erkenntnis.
Nur Narren verachten Weisheit und Selbstbeherrschung.
(SPRÜCHE 1,7)

Das Buch der Sprüche nennt Anweisungen für eine vernünftige Lebensweise. Es geht um weise Entscheidungen. Und die Furcht des Herrn ist der erste Schritt der Erkenntnis hin zur Weisheit. Wer die Prinzipien liest und praktiziert, die im Buch der Sprüche genannt werden, und auf weise Anweisungen hört, wird in der Gegenwart und auch in der Zukunft erfolgreich sein.

Ich versuche oft, etwas zusammenzubauen, ohne zuerst die Montageanleitung zu lesen. Doch je älter ich werde, desto mehr erkenne ich, wie unsinnig das ist. Inzwischen lese ich doch lieber zuerst die Anleitung, um es gleich beim ersten Mal richtig zu machen. Ob ich nun etwas backe oder ein Spielzeug für ein Kind zusammenstecke: Ich weiß, dass es Sinn macht, Punkt für Punkt und Schritt für Schritt vorzugehen. Es macht den Prozess so viel einfacher und ist längst nicht so stressig. Und wissen Sie was? Jetzt klappt alles meist schon beim ersten Versuch.

Dasselbe gilt auch für den Aufbau unseres Lebens. Wenn wir unsere Tage gestalten und unser Leben entfalten, sollten wir das nicht mit bruchstückhaften Informationen und aus einer Starrsinnigkeit heraus tun. Daraus entsteht eine bequeme und problembehaftete Lebensweise, wenn wir die Mittel ignorieren, die uns gegeben wurden: biblische Prinzipien, die uns die richtige Orientierung geben.

Statt sich abzustrampeln und alles auf eigene Weise zu versuchen, lesen Sie zuerst im Handbuch des Konstrukteurs nach, bevor Sie versuchen, die Geheimnisse des Lebens zu entschlüsseln. In mehreren Abschnitten des Neuen Testaments wird gesagt, dass der Mensch durch die Furcht des Herrn in der rechten Weise anerkennt, wer Gott ist (siehe Lukas 12,4-5; Epheser 5,21). Gott ist immer gegenwärtig und Weisheit beginnt damit, dass wir diese Tatsache anerkennen. Das Wissen, das die weisen Worte Salomos im Buch der Sprüche uns vermitteln, reicht über bloße Leistungen hinaus. Sein Rat konzentriert sich auf unsere moralische Verantwortung – wie wir weise Entscheidungen treffen und wie wir uns in verschiedenen Lebenssituationen verhalten. Salomo fordert uns heraus, bei den täglichen Entscheidungen, die wir treffen, stets nach Gottes Weisheit zu fragen.

> Vater Gott, du hast mir einen Verstand gegeben, und ich möchte ihn mit guten Informationen füllen. Gib mir die rechte Weisheit, damit ich eine Grundlage habe, täglich gute Entscheidungen zu treffen. Ich möchte ein geduldiges Herz haben, das auf deine Führung wartet, auch wenn ich am liebsten vorpreschen und die Dinge auf meine Art tun würde. Es lohnt sich, auf die Weisheit zu warten, die von dir kommt! Amen.

Aktiv werden

Stellen Sie sicher, dass Sie gründlich verstanden haben, was Sie glauben, damit Sie wissen, wie Sie gute Entscheidungen treffen können.

Ihre Gedanken

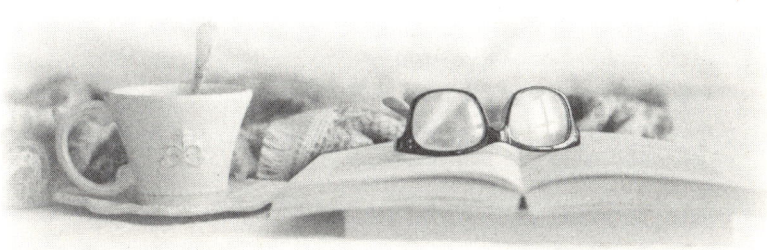

Auf Gottes Gebote hören

Handle nicht wie die Gottlosen
und entscheide dich nicht für den Weg der Bösen.
Meide ihn und betrete ihn nicht!
Kehre um und schlage einen anderen Weg ein.
(Sprüche 4,14-15)

Wenn wir ein Schild mit der Aufschrift „Nicht berühren – frisch gestrichen!" sehen, warum strecken wir dann automatisch einen Finger aus, um zu prüfen, ob die Farbe wirklich noch nass ist? Als Menschen wollen wir das Gegenteil tun, wenn andere uns sagen, was wir lassen sollten. Wenn ein Schild sagt: „Tu es nicht", wollen wir die Vorschrift auf die Probe stellen.

Wir wohnen in der Nähe des Ozeans und es gibt an unserem Küstenstreifen sehr hohe Klippen. Jedes Jahr sterben mehrere Schwimmer bei dem Versuch, diese Steilküsten herunterzuklettern, um an den Strand zu gelangen, obwohl der Zutritt zu den Gefahrenzonen durch Stahlseile abgesperrt ist. In allen Fällen hatte der Verunglückte ein Schild mit der Aufschrift „Kein Zutritt – Gefahr!" passiert.

Es gehört zu den schwierigsten Lektionen im Leben, Autorität gegenüber gehorsam zu sein. Der heutige Bibeltext enthält drei Warnungen:

1. Betrete nicht den Weg der Bösen.
2. Meide ihn.
3. Kehre um und schlage einen anderen Weg ein.

Der Verfasser der Sprüche schreit sozusagen in ein Megaphon, um Menschen vor dem Bösen zu warnen. Aber diese Lautstärke brauchen einige von uns tatsächlich, um die Warnung zu beachten. Versuchungen sind nun einmal verlockend. Und oft testen wir die Grenzen aus, um zu sehen, ob etwas wirklich so schlecht, riskant oder sogar böse ist.

Wenn wir die Schilder ignorieren und aufhören, auf Gottes Anweisungen zu vertrauen, tun wir es, weil wir meinen, allein klarzukommen. Wann rufen wir Gott an? Nachdem wir bereits ein Chaos angerichtet haben, weil wir seine Hinweise missachtet haben. Da wird dann selbst der dickköpfigste Alleingänger zum Beter!

Seien wir kluge Menschen, die die Schilder lesen und auf die Weisheit und Perspektive unseres Herrn vertrauen, damit wir das Böse meiden und den Weg der Gerechtigkeit einschlagen können.

> Vater Gott, lass mich auf meinem Weg den „Schildern" glauben, durch die du mich leiten willst. Ich will dir vertrauen, wenn du sagst: „Betrete diesen Weg nicht, meide ihn und schlage einen anderen Weg ein." Amen.

Aktiv werden

Nehmen Sie sich die Zeit, über Warnschilder nachzudenken, die Sie in ihrem Leben ignoriert haben oder gerade ignorieren. Was werden Sie jetzt damit anfangen?

Ihre Gedanken

Glaube ist eine Gabe

Glaube ... ist das Vertrauen darauf, dass das, was wir hoffen,
sich erfüllen wird, und die Überzeugung, dass das,
was man nicht sieht, existiert.
(HEBRÄER 11,1)

Fällt es Ihnen schwer, an etwas zu glauben, das Sie nicht gesehen haben? So ging es dem Jünger Thomas. Er konnte sich nicht dazu durchringen, an die Auferstehung Jesu zu glauben, bis er Jesus selbst gesehen und berührt hatte.

Jesus sagte zu Thomas: „Weil du mich gesehen hast, darum glaubst du? Selig sind, die nicht sehen und doch glauben!" (Johannes 20,29; LU). Ich glaube nicht, dass Jesus Thomas mit diesen Worten tadeln wollte. Er sagte nur, dass Thomas viel glücklicher wäre – das bedeutet „selig" nämlich –, wenn er lernen könnte, einige Dinge im Glauben anzunehmen!

Ich denke, das gilt für viele von uns. Wir haben Glauben, und doch bitten wir um Beweise, um mehr Klarheit zu bekommen. Gott tadelt uns deswegen nicht. Liebevoll offenbart er sich uns immer wieder. Doch uns entgeht die Fülle eines Lebens, das in völligem Glauben geführt wird, wenn wir mehr zweifeln, als in Gottes Frieden zu ruhen!

Eigentlich ist es unfassbar, dass ich jeden Tag den Glauben habe, dass mein Auto anspringen, mein Fernseher funktionieren und meine Internetverbindung klappen wird. Es sind ziemlich erstaunliche Erfindungen und sie funktionieren – jedenfalls die meiste Zeit. Wenn es mir also möglich ist, an diese menschlichen Wunderwerke zu glauben, warum fällt es mir dann so schwer, an Gottes übernatürliche Wunder zu glauben?

Ich habe ihn zwar nicht mit meinen Augen gesehen, aber ich habe seine Gegenwart gespürt. Und ich habe seine Werke gesehen. Deshalb vergeude ich meine Energie nicht mit der Frage, ob Gott real ist. Ich entscheide mich, den Segen des Glaubens zu genießen.

Wenn Sie einen Tag oder ein Jahr haben, in dem Sie wie Thomas zweifeln ... machen Sie sich auf und suchen Sie Jesus im Gebet und in der Bibel. Sie werden ihn erfahren. Gott ist nicht enttäuscht, dass Sie seine Vergewisserung brauchen; er möchte einfach, dass Sie ein gesegnetes Leben führen.

> Gott, ich bin so dankbar, dass die Welt mich nicht blind für dich und deine Herrlichkeit gemacht hat. Ich weiß, dass du da bist, auch wenn ich dich nicht sehen kann. Deine Gegenwart gibt mir Gewissheit und Frieden. Ich möchte mich am Segen des Glaubens erfreuen. Amen.

Aktiv werden
In welchem Bereich Ihres Lebens fehlt es Ihnen an Glauben? Vertrauen Sie Ihr ganzes Leben der Fürsorge Gottes an, auch diesen Bereich.

Ihre Gedanken

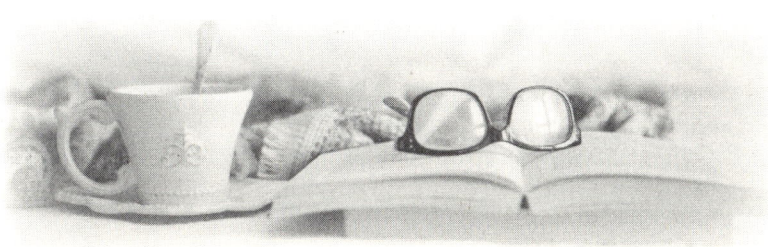

Ihre Stellung in Christus kennen

All denen aber,
die ihn aufnahmen und an seinen Namen glaubten,
gab er das Recht, Gottes Kinder zu werden.
(JOHANNES 1,12)

Wer bin ich in Christus? Das ist eine grundlegende, aber entscheidende Frage. Und es gibt eigentlich nur zwei verschiedene Hörer, die diese Frage beantworten: erstens andere Menschen und zweitens Gott.

Menschliche Meinungen sind kurzlebig und werden bald verblassen, während Gottes Gedanken ewig sind und immer bestehen bleiben. Nichts ist befreiender, als mit dem übereinzustimmen, wie Gott uns sieht. Deshalb ist es so wichtig, uns täglich in Gottes Wort zu vertiefen. Wenn wir das tun, werden wir wissen:

- *wer Gott ist,*
- *wer wir in ihm sind,*
- *was wir in ihm haben und*
- *was wir durch ihn tun können.*

Tag für Tag sollen wir als die neuen Geschöpfe leben, die wir in Jesus Christus sind. Und die Liste der Dinge, die daraus folgen, ist wirklich erstaunlich. Freuen Sie sich zu wissen, dass:

- *Ihnen alles möglich ist (Philipper 4,13),*
- *seine Freude Sie erfüllt (Johannes 17,13),*
- *Gott Sie kennt (2. Timotheus 2,19),*
- *er Sie erschaffen hat (Psalm 100,3),*
- *Sie eine Überwinderin sind (1. Johannes 5,4-5),*
- *Sie Gnade empfangen haben (Philipper 1,7),*
- *Sie Gott wichtig sind (Matthäus 6,26),*
- *ein neues Leben für Sie begonnen hat (Römer 6,4).*

Ich werde immer wieder bekräftigen, wie wertgeachtet Sie sind und was für ein Wunder Sie in Christus sind, denn diese Identität ist Ihre Grundlage für alles im Leben.

> Vater Gott, was immer ich über mich selbst denke – dein Wort sagt mir, dass ich wertgeachtet und geliebt bin. Wenn ich in den Spiegel schaue, sehe ich das Gesicht einer Frau, die von Gott geliebt und wertgeschätzt wird. Danke, dass du mich so sehr liebst. Amen.

Aktiv werden
Wählen Sie jeden Tag einen dieser Verse und verinnerlichen Sie, welchen Wert Sie in Christus haben. Gott hat Freude daran, unsere Unvollkommenheit zu nehmen und in seine Vollkommenheit zu verwandeln.

Ihre Gedanken

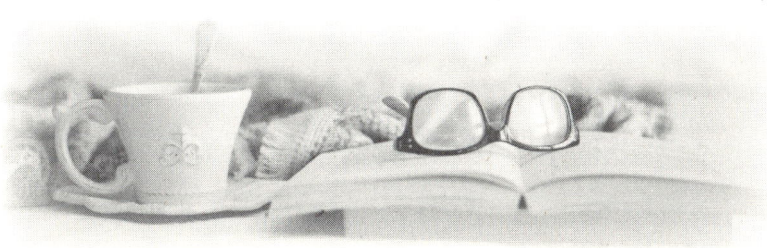

Wir alle brauchen eine geistliche Herztransplantation

Und ich werde euch ein neues Herz geben
und euch einen neuen Geist schenken.
(HESEKIEL 36,26)

Wenn wir Gott regelmäßig begegnen, erkennen wir, dass unser Herz aus sich heraus nicht tun kann, was nötig ist, um uns Christus ähnlicher zu machen. Niemand kann diese Transformation aus eigener Kraft bewirken, und glücklicherweise müssen wir das auch gar nicht. Gott bietet uns eine geistliche Herztransplantation an, die noch bemerkenswerter ist als die medizinische Transplantation eines physischen Herzens.

Hoffentlich benötigt keiner von uns je ein neues körperliches Herz, aber jeder von uns braucht ein neues geistliches Herz. Warum? Weil wir alle mit einer sündigen Natur geboren wurden.

- *König David sagte: „Denn ich war ein Sünder – von dem Augenblick an, da meine Mutter mich empfing." (Psalm 51,7)*
- *Der Prophet Jeremia schrieb: „Nichts auf dieser Welt ist so hinterhältig und verschlagen wie das Herz des Menschen." (Jeremia 17,9)*
- *Jesus lehrte: „Aus dem Herzen kommen böse Gedanken wie zum Beispiel Mord, Ehebruch, Unzucht, Diebstahl, Lüge und Verleumdung." (Matthäus 15,19)*
- *Paulus kämpfte mit seiner sündigen Natur: „Wenn ich Gutes tun will, tue ich es nicht. Und wenn ich versuche, das Böse zu vermeiden, tue ich es doch. Aber wenn ich tue, was ich nicht will, dann tue nicht ich es, sondern die Sünde in mir." (Römer 7,19-20)*
- *Der Apostel Johannes sprach sehr direkt über die Sünde: „Wenn wir sagen, wir seien ohne Schuld, betrügen wir uns selbst und die Wahrheit ist nicht in uns." (1. Johannes 1,8)*

Was sollen wir also tun? Selbst der fähigste Arzt kann ein sündiges Herz nicht heilen oder uns ein neues und reines Herz geben. Doch Gott kann es. Er bietet uns diese Transformation umsonst an, die ihm allerdings einen sehr hohen Preis abverlangte – seinen einzigen Sohn, den er zu unserer Erlösung hingab. Alles, was wir tun müssen, ist, sie anzunehmen. Sobald Sie ein verwandeltes Herz haben, ändert sich auch Ihr Leben. Sie können die nicht Liebenswerten lieben, den Unfreundlichen freundlich begegnen und das Unverzeihliche vergeben. Das alles ist möglich, weil Sie ein neues Herz haben – ein Gottesherz.

Vater Gott, gib mir diese Neuheit des Geistes, die so erfrischend ist wie das Quellwasser, das im Frühling durch das Tal fließt. Ändere mein Herz und mein Denken, damit es mit deinem Willen und deiner Hoffnung übereinstimmt. Amen.

Aktiv werden

Nehmen Sie sich in dieser Woche Zeit, um darüber nachzudenken, was es bedeutet, ein neues Herz zu haben. Entdecken Sie, wie Ihr neues Herz Ihnen hilft, mehr zu lieben, Anteil zu nehmen und zu vergeben, als Ihr altes Herz es konnte.

Ihre Gedanken

Für heute leben

Gott, der euch Hoffnung gibt,
[erfülle] euch in eurem Glauben mit Freude und Frieden ...
sodass eure Hoffnung immer größer wird
durch die Kraft des Heiligen Geistes.
(RÖMER 15,13)

Wir scheinen so viel Zeit damit zu verbringen, über das nachzudenken, was wir gestern nicht erledigt haben, und uns über den nächsten Tag Sorgen zu machen, dass wir darüber den einzigen Tag vergessen, auf den es ankommt – heute.

Wenn ich Kinder beobachte, fällt mir eines immer wieder auf: ihre Fähigkeit, den Augenblick zu leben und zu genießen. Sie können das „Jetzt" ergreifen und es zu einem Geschenk machen. Ich übe mich darin zu vergessen, was gestern war und was morgen sein könnte, um einfach die Fülle des heutigen Tages zu erleben.

Wenn wir die Gegenwart ergreifen wollen, müssen wir den Sorgen, Fehlern, möglichen Ungerechtigkeiten, allgemeinen Anliegen, Pflichten, der Vergangenheit, der Zukunft und den unerledigten Dingen weniger Beachtung schenken. Oft betreffen unsere Ängste Situationen, die wir nicht kontrollieren können. Warum wenden wir so viel negative Energie für Dinge auf, die wahrscheinlich nie eintreten werden? Eine Lebensweisheit unserer Familie lautet: „85 Prozent der Dinge, über die wir uns Sorgen machen, treffen nie ein." In Wirklichkeit ist der Prozentsatz wahrscheinlich noch viel höher. Ist es, so gesehen, nicht dumm, sich so viele Sorgen zu machen?

Wenn wir ohne Bedauern über die Vergangenheit oder Angst vor der Zukunft leben, erfahren wir eine neue Freiheit, die Freude jedes einzelnen Tages auszukosten. Wenn Sie so leben, gilt Ihre ganze Aufmerksamkeit dem Jetzt. Sie können lächeln, beten, denken und genießen, was jeder Moment bringt.

Wir sollten innehalten, um an den Rosen zu schnuppern, das Pfeifsignal des Zuges wahrzunehmen, in den Haufenwolken am

Himmel Fantasiegestalten zu entdecken, den Regen ans Fenster prasseln zu hören oder die Schneeflocken tanzen zu sehen. Auch wenn das sich nicht gerade nach einer geistlichen Übung anhört, bedenken Sie: Wie sehr Sie die Freude an solchen Dingen in den gegenwärtigen Augenblick zieht und wie Zeiten des ehrfürchtigen Staunens und der Freude uns mit der Freude unseres Schöpfers verbinden. Wenn wir anfangen, jede Minute wahrzunehmen und erleben, werden wir auch anfangen, die Erhabenheit und Größe Gottes zu sehen.

Vater Gott, ziehe mich weg von den gestrigen Ärgernissen und meinen Sorgen, was morgen sein wird, damit ich den heutigen Tag ausschöpfen kann. Ich möchte nichts verpassen, was du mir in diesem gegenwärtigen Moment zeigst. Und ich möchte meine Tage nicht mit vermeintlichen Sorgen vergeuden, während du echte Glaubensgelegenheiten für mich bereithältst. Amen.

Aktiv werden

Üben Sie sich darin, den folgenden Gedanken auszusprechen und zu praktizieren: *„Heute werde ich nur an heute denken."* Wie schwer fällt Ihnen das? Versuchen Sie es eine Wochen lang jeden Morgen, und schauen Sie dann, ob Sie nicht im Lauf der Woche mehr in Gottes Gegenwart sind.

Ihre Gedanken

Lernen, still zu sein

Am siebten Tag ruhte Gott von seinem Werk.
(Hebräer 4,4)

Seit dem Beginn der Schöpfung war der siebte Tag als Ruhetag für den Menschen vorgesehen. Gott hatte weder die Absicht noch den Wunsch, dass wir arbeitssüchtig werden. In unserer amerikanischen Kultur wurde früher alles zum Stillstand gebracht, um den Sonntag als Tag der Ruhe zu halten (die sogenannten „blue laws"). Im Lauf der Zeit wurde dieses Prinzip immer weiter beschnitten, und heute machen unsere Handelsunternehmen an den Sonntagen ihre stärksten Umsätze. Die Märkte sind überlaufen und wir müssen uns mühsam einen Weg durch die Menge bahnen.

Der Drang, ständig aktiv sein zu müssen, scheint aus dem Nirgendwo zu kommen. Nichtsdestoweniger ist er zu unserem Lebensstil geworden. Aber das entspricht nicht Gottes Absicht für uns. Warum ist Ruhe so wichtig? Schauen wir uns einige Gründe an.

1. *Gott gebietet sie uns.* Sein zweites Gebot in 2. Mose 20,8 lautet: „Denk an den Sabbat und heilige ihn." Der Sabbat diente als heiliger Tag und als ein Tag der Ruhe für Mensch und Tier, im Gedenken an Gottes Ruhe nach der Erschaffung der Welt. In Apostelgeschichte 20,7 lesen wir, dass Paulus und die Gemeinde den Sabbat am ersten Tag der Woche (Sonntag) hielten.
2. *Sie gehörte zum Lebensstil Gottes.* „Denn in sechs Tagen hat der Herr den Himmel, die Erde, das Meer und alles, was darin und darauf ist, erschaffen; aber am siebten Tag hat er geruht. Deshalb hat der Herr den Sabbat gesegnet und für heilig erklärt." (2. Mose 20,11)
3. *Wir sollen über das Vergangene nachdenken und uns erinnern, woher wir gekommen sind.* Wir waren nicht immer Gläubige.

Jeder von uns hat seine eigene Geschichte der Erlösung. Als Einzelne und als Gruppe sollen wir uns daran erinnern. Gott möchte, dass wir immer in Erinnerung behalten, woher wir gekommen sind. In 5. Mose 5,15 lesen wir: „Denk daran, dass du selbst einmal Sklave in Ägypten warst und dass der Herr, dein Gott, dich mit großer Macht und gewaltigen Taten aus dem Land geführt hat."

Gott befreit uns von unseren Lasten. Wenn wir an die Welt versklavt sind, ist es Gott und nur Gott, der uns in unsere Freiheit führen möchte.

Vater Gott, lass mich auf deinen Wunsch vertrauen, dass ich einen Tag in der Woche nehmen soll, um auszuruhen. Ich möchte dein Beispiel in der Bibel achten, das mir zeigt, was für meine Seele gut ist. Wenn ich mir in meiner Ruhezeit Sorgen über Dinge mache, die liegengeblieben sind oder die mir ständig durch den Kopf gehen, führe mich zurück in deinen Frieden. Forme in mir einen geduldigen, aufmerksamen Geist. Amen.

Aktiv werden

Erstellen Sie einen Plan, der Ihnen gezielt ermöglicht, vierundzwanzig Stunden frei zu halten, um Ihren Sabbat zu feiern. Sie werden sehen, wie viel Segen daraus folgen wird.

Ihre Gedanken

Die vier Ackerböden

Manche der Samenkörner, die er auf dem Feld ausstreute,
fielen auf den Weg, und die Vögel kamen und fraßen sie.
(MARKUS 4,4)

In den vier Evangelien werden Gleichnisse wiedergegeben, die Jesus erzählte, um seine Jünger und andere Gläubige zu lehren. Ein Gleichnis ist eine kurze Geschichte, die eine Lektion oder Lehre oder Wahrheit veranschaulicht. Christus erzählte Gleichnisse, um die Wahrheit für Menschen, die sie hören wollten, eingängiger und klarer zu machen, sie aber für diejenigen zu verhüllen, denen ein geistliches Interesse fehlte.

In dem hier genannten Gleichnis will Jesus lehren, dass der Same (die Bibel bzw. das Wort Gottes) je nach dem Boden (Herz), auf den er fällt, unterschiedliche Auswirkungen hat.

In allen vier Fällen ist es die Qualität des Bodens, die darüber entscheidet, ob etwas wächst oder nicht. Manche Menschen haben offene Ohren, andere nicht. Ich bin sicher, dass die Menschen in jedem der vier Fälle hören wollten, aber aus unterschiedlichen Gründen blieb der Same (das Wort) nicht haften. So ist es auch in unserem Leben. Einige hören oder lesen die Bibel, ohne dass es sich auf ihr Leben auswirkt.

In Markus 4,15-20 wird geschildert, was geschieht, wenn der Same auf den vier verschiedenen Böden landet:

1. Manche Menschen sind wie der harte Wegrand, an den der Same fällt. Sie hören das Wort, aber dann kommt Satan und nimmt das Wort weg, das in sie gesät wurde (Vers 15).
2. Andere Menschen sind wie der felsige Boden, auf den der Same fällt. Sie nehmen das Wort freudig auf, aber es kann keine festen Wurzeln fassen. Wenn sie wegen des Wortes verfolgt werden, fallen sie ab (Verse 16-17).
3. Wieder andere Menschen sind wie das Dornengestrüpp, in das der Same fällt. Sie haben das Wort gehört, aber dann

wuchern die Sorgen der Welt und der trügerische Reichtum und das Verlangen nach anderen Dingen und ersticken das Wort, sodass sie unfruchtbar werden (Verse 18-19).

4. Und dann gibt es Menschen, die wie der gute Boden sind, das den Samen aufnimmt. Sie hören das Wort, nehmen es an und bringen dreißig-, sechzig- oder hundertfache Frucht (Vers 20).

Was für ein Boden sind Sie? Vielleicht haben Sie Freunde oder Familienmitglieder, bei denen Sie alle vier Beispiele wiederfinden. Mögen die Wahrheit und die Verheißungen Gottes für immer in Ihnen bleiben.

Vater Gott, ich habe mich schon in verschiedenen Phasen des Glaubens befunden. Danke, dass du zu mir hältst und mich sehen lässt, wie du durch mich im Leben anderer Menschen wirkst. Schaffe in mir ein reines Herz und eine reine Seele, die empfänglich für dein Wort sind, damit es in meinem Leben Wurzeln fassen und wachsen kann. Amen.

Aktiv werden

Überprüfen Sie heute Ihr Herz und Ihr Leben, um festzustellen, welcher Boden Ihre Fähigkeit symbolisiert, Gottes Wort anzunehmen und in Ihrem Leben Wurzeln fassen zu lassen. Seien Sie geduldig mit Gott. Haben Sie Geduld mit sich selbst. Überlegen Sie, wie Sie den fruchtbarsten Boden kultivieren können, um Gottes Wahrheit aufzunehmen, zu nähren und zu fördern.

Ihre Gedanken

Seien Sie diejenige, die „Danke" sagt

Und er fiel vor Jesus nieder und dankte ihm.
(Lukas 17,16)

In diesem Bibeltext in Lukas 17,11-19 lesen wir die Geschichte von den zehn Leprakranken, die von Jesus geheilt wurden.

Auf seinem Weg nach Jerusalem gelangte Jesus an die Grenze zwischen Galiläa und Samaria. Als er dort in ein Dorf kam, standen in einiger Entfernung zehn Aussätzige und riefen: „Jesus, Meister, hab Mitleid mit uns!" Er sah sie an und sagte: „Geht und zeigt euch den Priestern." Und während sie gingen, verschwand ihr Aussatz. Einer von ihnen kam, als er es merkte, zu Jesus zurück und rief: „Dank sei Gott, ich bin geheilt!" Und er fiel vor Jesus nieder und dankte ihm. Dieser Mann war ein Samaritaner. Jesus fragte: „Sind nicht zehn Menschen geheilt worden? Wo sind die anderen neun? Kehrt nur dieser Fremde zurück, um Gott die Ehre zu geben?" Und er sagte zu dem Mann: „Steh auf und geh. Dein Glaube hat dich gerettet."

Leprakrank zu sein bedeutete, dass man ein Außenseiter war – niemand wollte etwas mit einem Leprakranken zu tun haben. Man war von der übrigen Gesellschaft isoliert – in vielen Gebieten wurden Leprakranke auf eine einsame Insel oder in eine Gegend geschickt, wo sie getrennt von anderen lebten. Aber Jesus war barmherzig und wandte sich den zehn Männern zu, die an dieser schrecklichen Krankheit litten. Er heilte sie nicht nur, sondern gab ihnen die Anweisung, hinzugehen und sich den Priestern zu zeigen. Damals war es Sache der Priester, die geheilten Männer zu untersuchen, sie offiziell für geheilt zu erklären und ihnen die Erlaubnis zu geben, wieder in die Gemeinschaft zurückzukehren. Die Menschen staunten über die Antwort Jesu.

Was an dieser Geschichte faszinierend ist: Der einzige Leprakranke, der zurückkam und Jesus dankte, war für die Juden ein Geächteter – ein Samariter. Das gibt diesem Moment noch mehr Gewicht. Das kostbare „Danke" kam von einem Menschen, der in jeder Hinsicht ein Ausgestoßener war. Aber er durchbrach diese Schranken, um dem Herrn zu danken, so wie Jesus die Schranken durchbrochen hatte, um ihn zu heilen.

Wie ist es bei Ihnen? Erleben Sie in Ihrem Leben Wunder und laufen dann aufgeregt weg, um der Welt davon zu erzählen, ohne sich zuerst an Jesus zu wenden, um ihm zu danken? Lassen Sie uns nicht vieles für so selbstverständlich nehmen, dass wir vergessen, Jesus Lob und Dank zu sagen für all das, was er uns täglich gibt.

Vater Gott, lass mich eine Frau sein, die immer mit Lob und mit Dankbarkeit antwortet. Ich bin so dankbar für die täglichen Wunder, die Augenblicke der Heilung und die große Liebe, die du mir zeigst. Amen.

Aktiv werden

Seien Sie eine Frau, die für ihre Dankbarkeit bekannt ist. Lesen Sie das folgende Gebet laut und verinnerlichen Sie die dankbare Herzenshaltung, die darin zum Ausdruck kommt.

Oh, Herr, ich danke dir für das Privileg und Geschenk, in einer Welt zu leben, die von soviel Schönheit und Begeisterung und Vielfalt erfüllt ist . . . Ich danke dir für die Freude an der Musik und an den Kindern. Für die Gedanken und Gespräche mit anderen Menschen. Für die Bücher, die man am Kaminfeuer lesen kann oder im Bett, während der Regen auf das Dach prasselt oder die Schneeflocken am Fenster vorbeitreiben. – Louis Bromfield

Ihre Gedanken

Sie haben ein festes Fundament

Fürchte dich nicht, ich bin mit dir;
weiche nicht, denn ich bin dein Gott.
Ich stärke dich, ich helfe dir auch,
ich halte dich durch die rechte Hand meiner Gerechtigkeit.
(JESAJA 41,10; LU)

In unserer Lebensführung müssen wir uns fragen, was unsere Autorität ist. Ein Handschlag ist nur so verlässlich wie die Person, die in Ihre Hand einschlägt. Und so ist es überhaupt im Leben. Im heutigen Vers lesen wir die Aussage und sagen uns: „Das ist schön und gut, aber wer ist die Person, die diese Versprechen gibt?"

Gottes Wort ist eine ausreichende Grundlage für unseren Glauben. Hier sind einige ausgewählte Verheißungen aus der Bibel, die Ihnen Hoffnung für Ihren Weg im Leben geben:

- *Jesaja 41,10 – Lesen Sie noch einmal den heutigen Vers.*
- *Jesaja 43,2 – Wenn du durch Wasser gehst, werde ich bei dir sein. Ströme sollen dich nicht überfluten! Wenn du durch Feuer gehst, wirst du nicht verbrennen; die Flammen werden dich nicht verzehren!*
- *2. Korinther 12,9 – Der Herr sagt: „Meine Gnade ist alles, was du brauchst. Meine Kraft zeigt sich in deiner Schwäche." Und nun bin ich zufrieden mit meiner Schwäche, damit die Kraft von Christus durch mich wirken kann.*
- *Hebräer 13,5 – Ich werde dich nie verlassen und dich nicht im Stich lassen.*

Wenn Gott etwas sagt, können Sie fest auf diese Zusage bauen. Sie ist ein Handschlag zwischen Gott und Ihnen.

> Vater Gott, mein Fundament soll auf deine Autorität gegründet sein. Wenn du es sagst, glaube ich es. Du bist meine Erlösung. Amen.

Aktiv werden

Wenn Gott etwas sagt, können Sie es glauben. Was sagt Gott Ihnen jetzt gerade durch die Bibel? Schreiben Sie es auf und nehmen Sie sich dann Zeit, um diese Wahrheit im Gebet anzunehmen.

Ihre Gedanken

_____

_____

_____

_____

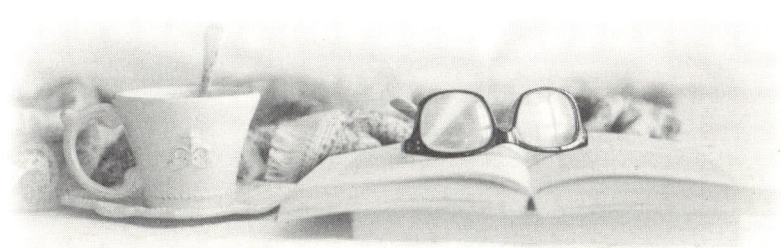

Wer ist Ihr Töpfer?

Wenn ein Töpfer Gefäße aus Ton formt, hat er da nicht das Recht,
aus demselben Klumpen Ton ein Gefäß für besondere Anlässe
und ein anderes für den gewöhnlichen Gebrauch herzustellen?
(RÖMER 9,21)

Kürzlich besichtigten wir die wunderschöne Stadt Carmel an der zentralen Küste von Kalifornien. Da sie als eine sehr künstlerische Stadt bekannt ist, hatten wir viele Gelegenheiten, unterschiedlichen Künstlern bei der Arbeit zuzuschauen. Dabei stießen wir auch auf eine Gruppe von Töpfern, die ihre Handwerkskunst demonstrierten. Bald fiel uns auf, dass jeder Töpfer sein nächstes Werk mit einem Klumpen Ton anfing. Sobald es mehr als ein Klumpen war, benutzte der Künstler eine entsprechende Menge Wasser, um dann mit unterschiedlichen Handbewegungen den Ton in die gewünschte Form zu bringen.

Einige Tonklumpen wurden zu Tassen, andere zu Schalen und einige wurden zu Tierfiguren. Jeder Künstler hatte schon eine Vorstellung im Sinn, wie das fertige Objekt aussehen sollte. Einige fertige Objekte wurden für 25 Dollar verkauft; andere erzielten bis zu 200 Dollar, doch jedes Objekt begann als ein einfacher, formloser Klumpen Ton.

Beim Töpfern entsteht die wahre Schönheit des Tons erst in der Glut des Brennofens. Die extreme Hitze führt zu einer chemischen Reaktion, durch die der Ton Eigenschaften annimmt, die er ohne das Feuer nie hätte.

In Zeiten der Belastung, Herausforderung oder Veränderung können wir uns aneignen, was Gott in unserem Leben wirkt, indem wir zulassen, dass er die rauen Stellen unserer Erfahrungen und unseres Charakters nimmt und so bearbeitet, dass Schönheit daraus hervorgeht. Denken Sie an eine Prüfung, die Sie in der letzten Zeit durchgemacht haben, oder an eine Schwierigkeit, mit der Sie jetzt gerade zu kämpfen haben. Erscheint sie Ihnen als Last? Versuchen Sie, die Prüfung oder Schwierigkeit aus der Perspektive des Segens zu betrachten. Welche Seite an Ihnen wird dadurch zum Besseren verändert? Wie benutzt Gott die gegenwärtigen Umstände, um Sie an sein Herz zu ziehen?

Erkennen Sie, wie Sie durch eine Schwierigkeit zu einer wunderbaren Frau Gottes geformt werden? Erlauben Sie dem Herrn, Ihr schönes „Gefäß" weiter zu formen und umzugestalten. Legen Sie das Hindernis in Ihrem Leben als einen „Tonklumpen" in die fähigen Meisterhände Gottes.

Lassen Sie ihn aus diesem Klumpen etwas Kostbares formen. Lassen Sie sich von ihm in feines Porzellan verwandeln.

Vater Gott, nimm meinen Tonklumpen und forme mich so, wie du es dir für mich wünschst. Füge hier ein wenig Wasser hinzu und übe dort etwas Druck mit deinen Händen aus, um mich zu formen und mir eine schöne Gestalt zu geben. Danke, dass ich eine Person sein darf, die du in deinem Schöpfungswerk gebrauchen kannst. Amen.

Aktiv werden

Seien Sie bereit, Ihr Leben ganz in die Hände des Meistertöpfers zu legen. Hören Sie auf, starr zu sein, damit Sie nicht so leicht brechen; bleiben Sie biegsam, damit Sie in Ihrem Leben geformt werden können.

Ihre Gedanken

Gott, ich rufe heute zu dir

Ich werde dich nie verlassen und dich nicht im Stich lassen.
(HEBRÄER 13,5)

Wir können alle Verheißungen hören und lesen, die in Gottes Wort zu finden sind, aber sie kommen uns nur zugute, wenn wir auch danach handeln. Ich weiß aus der alltäglichen Erfahrung, dass das wahr ist. Neulich las ich die Vertragsbedingungen meiner Autoversicherung und erfuhr etwas Neues. Dort war eine 800er-Nummer angegeben, die ich anrufen kann, wenn ich einen Abschleppdienst brauche. Super, das ist außerordentlich nützlich. Ich notierte mir diese Telefonnummer, damit ich sie sofort zur Hand habe, falls mein Auto einmal abgeschleppt werden muss. Ich glaube, dass die Nummer gültig ist, und habe vor, diesen Service bei Bedarf in Anspruch zu nehmen.

Jedes Mal, wenn ich Gottes Wort lese, lerne ich etwas Neues. Auch wenn ich diese Aussage schon kannte, kann ich sie als eine Verheißung erfassen, die Gott mir auf neue Weise und für eine neue Lebenssituation zuspricht. Das ist die Macht des lebendigen Wortes Gottes. Es ist *immer* wirksam und relevant.

Als bei mir Krebs diagnostiziert wurde, suchten wir nach einem Bibelvers, der uns Hoffnung für diesen Weg geben konnte. Eine Freundin schrieb uns eine Karte, die ihre Gebete für uns zum Ausdruck brachte.

Am Ende schrieb sie einen Bibelvers auf, der für uns zum Leitvers für unseren Weg wurde: „Diese Krankheit wird nicht zum Tode führen; sie dient vielmehr der Verherrlichung Gottes. Der Sohn Gottes wird durch sie verherrlicht werden." (Johannes 11,4)

Der Schmerz hat etwas an sich, das uns zum Wesentlichen zurückführt, zu der Frage, wer wir sind, worauf wir vertrauen können und was wirklich wichtig ist. Wenn unsere Energie begrenzt ist, erscheinen äußerliche Dinge als das, was sie sind: Äußerlichkeiten. Schmerz bewirkt wie nichts sonst, dass wir wegwerfen, was nicht funktioniert, und uns verzweifelt an das klammern, was sich als echt und wahr erweist.

Die eine Tatsache, die mir jedes Mal ins Gesicht starrt, wenn ich leide, ist die Erkenntnis, wie sehr ich die Nähe meines himmlischen Vaters brauche. In 1. Petrus 5,10 wird er der Gott aller Gnade genannt. Wenn Sie in Ihrer eigenen Zeit der Prüfung für sein Werk in Ihrem Leben offen sind, werden Sie diese Gnade und diesen Frieden erfahren.

> Lieber Herr, gib mir den Glauben, zuzulassen, dass du mich durch eine schwere Zeit in meinem Leben führst. Ich möchte mein Leben nicht aus eigener Kraft führen. Ich möchte auf dich und deine Kraft vertrauen. Ich möchte, dass du der Erste bist, an den ich mich meiner Not wende. Lass mich immer deine tägliche Berührung in meinem Leben erfahren, lieber Herr. Du bist der Meistergärtner, der den Garten meiner Seele pflegt. Amen.

Aktiv werden

Nehmen Sie einen Bibelvers in Anspruch, auf den Sie vertrauen können, um Kraft für Ihre Zeit der Prüfung zu schöpfen. Stecken Sie ihn in Ihr Portemonnaie oder heften Sie in Ihrem Auto an das Armaturenbrett.

Ihre Gedanken

Lassen Sie sich nicht die Zeit stehlen

Faule Menschen wollen viel und bekommen wenig,
doch wer fleißig ist, dem wird es gut gehen und er wird zufrieden sein.
(SPRÜCHE 13,4)

Wenn wir jung sind, ist uns der Wert der Zeit nicht bewusst. Doch wenn wir älter werden, erkennen wir, wie kostbar unsere Zeit ist. Wir merken auch, dass es scheinbar nicht genug davon gibt – sie ist eine begrenzte und kostbare Ressource.

Mit jedem Tag, den ich lebe, schwindet meine Zeit. Das gilt für uns alle. Dieser Gedanke soll nicht deprimierend wirken. Wenn wir dieses Wissen als mächtige Wahrheit annehmen, entdecken wir, wie wertvoll es ist, in unserem Leben solche Dinge zu meiden, die das kostbare Gut unserer Zeit aufbrauchen.

Einer der größten Zeiträuber ist ein fehlender Plan für den Tag. Damit hängt unmittelbar zusammen, dass wir Dinge aufschieben oder versuchen, alles selbst zu machen. Es ist an der Zeit, uns auf das Wesentliche zu besinnen: „Wer das Planen versäumt, der plant das Scheitern."

Machen Sie es ab heute zu einer Priorität, Ihren Tag zu planen, bevor der Tag Sie verplant. Versprechen Sie weniger, liefern Sie mehr. Denken Sie daran: Wenn Sie Ihre Zeit nicht gut verwalten können, werden Sie auch andere Bereiche Ihres Lebens nicht gut verwalten können.

Denken Sie einmal über diese wunderbare Umschreibung von Epheser 5,16 nach: „Zeit ist ein täglicher Schatz, der viele Räuber anlockt." Es gibt viele Dinge, die Ihnen die Zeit stehlen und Sie um die nötige Konzentration bringen werden, die Sie brauchen, um dem Herrn in den Dingen zu folgen, zu denen er Sie berufen hat. Machen Sie sich bewusst, dass Sie einen kostbaren Schatz hüten.

Bedenken Sie, dass Ihr Leben und Ihre Zeit von großer Bedeutung sind. Gott wirkt in beidem, um seine Absichten zu erfüllen. Wenn Sie den Wert Ihrer Tage infrage stellen, weil alle Tage gleich zu sein scheinen, denken Sie daran, dass jeder Morgen Ihnen einen Neuanfang bietet, das zu tun, was wirklich zählt.

Planen Sie mindestens eine Stunde für eine persönliche Zeit ein, in der Ihr Körper, Ihr Verstand und Ihre Seele auftanken können. Bitten Sie den Herrn um die Disziplin, sich von schlechten Gewohnheiten der Nachlässigkeit zu lösen und neue Gewohnheiten für gesunde Anliegen und Verantwortungen zu entwickeln.

Vater Gott, mache mich fähig, die Räuberbarone in meinem Leben zu erkennen. Ich möchte meine kostbare Zeit schützen, damit ich Zeit habe, für dich zu tun, wozu ich berufen bin. Hilf mir, großzügig und mit weitem Herzen anderen Menschen und dir Zeit zu geben. Ich möchte nicht selbstsüchtig sein und mich nicht gegen deine Führung sträuben. Amen.

Aktiv werden

Erstellen Sie jeden Abend eine To-do-Liste für Ihre Aktivitäten am nächsten Tag. Ordnen Sie sie nach ihrer Priorität. Erledigen Sie die ersten Dinge zuerst. Seien Sie nachsichtig mit sich selbst, wenn Sie manches liegen lassen müssen.

Ihre Gedanken

Sie sind ein Star!

Denn ich kenne ja die Gedanken, die ich über euch denke,
spricht der Herr, Gedanken des Friedens und nicht zum Unheil,
um euch Zukunft und Hoffnung zu gewähren.
(JEREMIA 29,11)

Wollten Sie je ein Star sein? Der Glamour und das Abenteuer könnten Spaß machen, aber wenn ich mir die Illustrierten in den Supermarktregalen anschaue und sehe, wie das Leben der Stars zerpflückt oder aufgebauscht wird, bin ich sehr froh, einfach ich selbst zu sein. Und Sie können auch froh sein, Sie selbst zu sein.

Ist Ihnen je in den Sinn gekommen, dass Sie ein Star sind, den andere Menschen berühren können? Bringt Ihr Leben Licht in den Raum, wenn Sie eintreten? Spiegeln Ihre Kinder oder Enkel die Liebe wider, die Sie ihnen schenken? Bringen Sie Freude ins Büro und in das Leben Ihrer Kollegen, wenn Sie Ihr Tagewerk beginnen?

Jede von uns muss täglich mit einem neuen Vierundzwanzig-Stunden-Tag beginnen. Jede von uns hat sieben Tage in jeder Woche. Was fangen Sie mit Ihren Tagen und Stunden an? Was sind Ihre tiefsten Träume? Einen Roman schreiben? Vor anderen ein Lied singen? Einen neuen Beruf ausüben? Ein eigenes Start-up gründen? Ihr Leben ist ein „Star". Lassen Sie diesen Stern nicht zu Boden fallen, sondern hegen und pflegen Sie Ihre Träume, bis das „Sohneslicht" sie wachsen lässt.

Es ist nichts Geringes, ein Licht zu sein und die Liebe Gottes widerzuspiegeln. Überlegen Sie, wie Sie Ihr eigenes Leben und das Leben Ihrer Familie am besten mit Licht erfüllen können, indem Sie jeden Einzelnen zur Quelle der Güte, der Erlösung und der eigenen Bestimmung führen.

Jemand hat einmal gesagt: „Mache große Pläne und setze dir in der Hoffnung und der Arbeit hohe Ziele." Die Bibel sagt in Philipper 3,14: „Versuche … das Rennen bis zum Ende durchzuhalten und den Preis zu gewinnen, für den Gott uns durch Christus

Jesus bestimmt hat." Und dann halten Sie Ausschau nach den anderen Sternen in Ihrer Umgebung. Ihre Ermutigung und Bestätigung kann auch für ihre Träume einen großen Unterschied machen.

> Herr, danke, dass du mich zu der richtigen Art von „Star" machst. Ich bin so froh, ich selbst zu sein. Dein Sohn lässt mich strahlen, wann immer ich mit denen zusammen bin, die zu ihm gehören. Hilf mir, zu leuchten. Hilf mir, meine Tage zu gebrauchen, um dich zu verherrlichen. Amen.

Aktiv werden
Kennen Sie den Gospelsong „This little light of mine, I'm gonna let it shine" von Aretha Franklin? Lassen auch Sie Ihr kleines Licht leuchten. Verstecken Sie es nicht, sondern lassen Sie es scheinen.

Ihre Gedanken

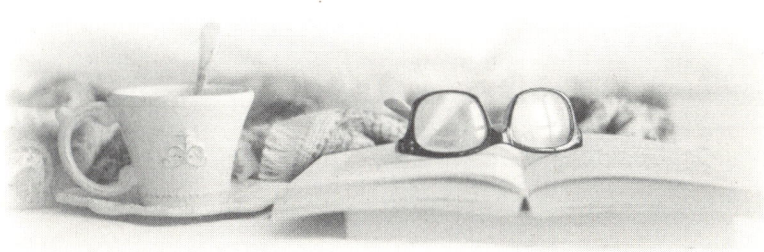

Durch unsere Probleme in Gott wachsen

Wir freuen uns auch dann, wenn uns Sorgen und Probleme bedrängen,
denn wir wissen, dass wir dadurch lernen, geduldig zu werden.
Geduld aber macht uns innerlich stark,
und das wiederum macht uns zuversichtlich in der Hoffnung
auf die Erlösung.
(RÖMER 5,3-4)

Es hat sehr nützliche Auswirkungen, wenn wir Schwierigkeiten durchmachen. Der heutige Vers enthält eine Liste von Beispielen, wie aus unseren Anfechtungen Segen entsteht. Schwierigkeiten sind uns nützlich, denn sie

1. helfen uns, Geduld zu lernen,
2. entwickeln durch unsere Geduld Charakterstärke,
3. helfen uns, Gott jedes Mal mehr zu vertrauen, wenn wir geduldig sind,
4. stärken unsere Hoffnung und unseren Glauben.

Die Probleme, mit denen wir konfrontiert werden, werden uns entweder niederschlagen oder uns zu den Menschen heranreifen lassen, die wir nach Gottes Willen werden sollen. Oft rufen wir: „Auf dieses Problem kann ich gern verzichten!" Doch in Wirklichkeit ist es genau das, was wir brauchen. Mit den Jahren habe ich einige grundlegende Prinzipien gelernt, die mir helfen, zu verstehen, wozu Probleme gut sind:

Sie geben uns Orientierung. Oft weisen Probleme uns in eine andere, neue Richtung und motivieren uns zur Veränderung. Manchmal ist eine schmerzliche Situation nötig, um unsere Schritte in eine andere Richtung zu lenken.

Sie prüfen uns. Als ungeduldige Person musste ich geprüft werden. Ich musste manche Dinge ändern, als meine Fehler ans Licht kamen. Probleme veranlassen uns, zu prüfen, was für ein Mensch wir wirklich sind.

Sie korrigieren uns. Manchmal lernen wir den Wert einer Sache – ob es Gesundheit, Geld, eine berufliche Karriere oder eine Beziehung ist – erst schätzen, wenn wir sie verlieren. Nehmen Sie Änderungen vor oder werden Sie verändert.

Sie schützen uns. Oft schützt ein Problem uns davor, später ein noch größeres Problem zu erleben. Vertrauen Sie darauf, dass Gott einen Plan und eine Absicht für jede Erfahrung hat, die er uns machen lässt (siehe Jeremia 29,11).

Sie vervollkommnen uns. Gott ist unser Charakter wichtiger als unsere Bequemlichkeit. Wenn wir unseren Erfolg messen, messen wir nicht nur unsere Leistungen, sondern auch Lektionen, die wir gelernt haben, Menschenleben, die wir berührt haben, und Begegnungen, die wir auf dem Weg hatten. Gott vervollkommnet und formt uns durch schwierige Zeiten.

> Herr, lass mich umfassender verstehen, wie ich mit meinen Problemen umgehen sollte. Oder noch besser: wie ich meine Probleme dir geben kann, um die Lektionen zu lernen, die du mir in meinen Schwierigkeiten vermitteln willst. Gib mir den Glauben, den Mut und die Energie, den langfristigen Wert meiner Probleme zu sehen. Danke, dass du so viel Anteil an mir nimmst. Amen.

Aktiv werden

Machen Sie Ihre Probleme zu echten Lernerfahrungen. Senken Sie nicht den Kopf; schauen Sie nach oben. Nehmen Sie sich heute Zeit, um zu überlegen, welche Schwierigkeiten oder Probleme Ihrer Vergangenheit Ihre wichtigsten Lehrmeister waren.

Ihre Gedanken

Füllen Sie Ihren leeren Tank

Elia war ein Mensch wie wir.
(JAKOBUS 5,17A)

Das Gefühl, auszubrennen, ist heute bei Frauen sehr verbreitet. Wir setzen uns selbst sehr unter Druck. Und unser Leben, auch wenn es viele großartige Momente mit sich bringt, kann durch sehr viele Anforderungen und Ablenkungen mit nur wenig Ruhe gekennzeichnet sein. Manchmal haben wir das Gefühl, unaufhörlich weiterzumachen und unser Bestes zu geben, ohne dass es je ausreicht, um neu erfrischt zu werden, geschweige denn, unser Pensum zu erfüllen.

Wenn wir erschöpft sind, geraten wir leicht in Zweifel, ob wir noch im Willen Gottes für unser Leben sind, und ob wir uns für unseren Weg gestärkt fühlen werden. So ging es auch dem Propheten Elia in der Bibel (1. Könige 19). Seine Reserven waren erschöpft.

- *Vers 2 – Sein Leben wurde bedroht.*
- *Vers 3 – Er hatte Angst.*
- *Vers 4 – Er betete darum, sterben zu dürfen.*
- *Vers 5 – Ein Engel berührte ihn und sagte: „Steh auf und iss."*
- *Vers 9 – Der Herr fragte ihn: „Was tust du hier?"*
- *Vers 11-12 – Er erlebte einen heftigen Sturm, ein Erdbeben, ein Feuer und ein leises Säuseln (ein Flüstern).*
- *Vers 14 – Er sagte zum Herrn, dass er alles getan hatte, was er konnte, und allein übriggeblieben war.*

Ja, Elia war ein Mensch genau wie wir. Er wurde bedroht, er war allein, er sollte sterben, er war verwirrt, er wollte aufgeben und alles hinschmeißen. Aber das tat er nicht. Er ging auf den Berg. In den Versen 11-12 lesen wir, dass er ein leises Flüstern hörte. Er hätte diese Botschaft ignorieren können, aber das tat er nicht. Durch den weisen Ratschluss des Herrn wurde Elia versichert, dass sein Auftrag noch nicht zu Ende war (Verse 15-16), dass er nicht allein war (Vers 16) und dass er nicht versagt hatte (Vers 18).

Wenn Sie sich wie Elia in einem solchen Zustand der Leere befinden, können Sie sicher sein, dass Ihr Auftrag noch nicht zu Ende ist, dass Sie nicht allein sind, und dass Sie nicht versagt haben. Hören Sie auf das leise Flüstern und machen Sie sich wieder auf den Weg.

> Vater Gott, hole mich heraus aus meiner Leere. Ich weiß, dass ich nicht an diesem Punkt bleiben werde. Mit deinem Heiligen Geist und mit deiner Kraft werde ich diese Phase der Leere hinter mir lassen und ein erfülltes Leben führen. Danke, dass du mir leise ins Ohr flüsterst. Amen.

Aktiv werden
Wenn Sie merken, dass Sie innerlich leerlaufen, halten Sie inne und ruhen Sie aus. Finden Sie Wege, wie Sie neue Energie schöpfen können. Wenden Sie sich an eine Freundin oder an eine Freundesgruppe, die Ihnen in dieser dürren Phase Ihres Lebens helfen wird.

Ihre Gedanken

Das „Flüstern Gottes" hören

Was tust du hier, Elia?
(1. KÖNIGE 19,13)

Haben Sie schon einmal eine Situation erlebt, in der Sie eine leise Stimme flüstern hörten: „Was tust du hier?" Im Laufe unseres Lebens können wir diese Stimme und diese Frage immer wieder hören. Wir können sie ignorieren, oder wir halten inne und hören Gott zu, der uns in der jeweiligen Situation herausfordert.

Wir wachsen geistlich, wenn wir uns die Zeit nehmen, innezuhalten und zu hören, was Gott von uns möchte. Wenn wir diese Momente verpassen, weil wir zu beschäftigt sind, oder wenn wir ihnen ausweichen, weil wir gar nicht wissen wollen, was Gott uns lehrt, bleiben wir im Leben und im Glauben stecken.

Die Bibel nennt uns vier Möglichkeiten, im Alltag innezuhalten, damit wir das Flüstern der Stimme Gottes hören können:

1. *An einen abgeschiedenen Ort gehen.* „Am nächsten Morgen ging Jesus allein an einen einsamen Ort, um zu beten." (Markus 1,35)
2. *Ein offenes Herz haben, sodass Gott hören wird.* „Wenn ihr dann zu mir rufen werdet, will ich euch antworten; wenn ihr zu mir betet, will ich euch erhören." (Jeremia 29,12)
3. *Die Bibel aufschlagen.* „Das Wort Gottes ist lebendig und wirksam. Es ist schärfer als das schärfste Schwert und durchdringt unsere innersten Gedanken und Wünsche. Es deckt auf, wer wir wirklich sind, und macht unser Herz vor Gott offenbar." (Hebräer 4,12)
4. *Eine echte Freundin haben.* „Spornt euch gegenseitig zu Liebe und zu guten Taten an. Und lasst uns unsere Zusammenkünfte nicht versäumen, wie einige es tun, sondern ermutigt und ermahnt einander, besonders jetzt, da der Tag seiner Wiederkehr näher rückt!" (Hebräer 10,24-25)

Gott hat nicht beabsichtigt, dass unser Leben leer oder richtungslos wird. Er führt uns, ermutigt uns und zeigt uns einen Weg durch unser Leben, der sich lohnt und fruchtbar ist. Sein Plan für uns ist ein ganzheitliches und erfülltes Leben. Leben und handeln Sie nach der Berufung, die Gott Ihnen gegeben hat. Sie und die Menschen in Ihrem Leben werden dadurch reich gesegnet sein.

> Gott, gib mir den Wunsch, ein zielorientiertes Leben zu führen. Ich möchte nicht einfach nur ein tieferes Loch graben. Lass meine Ohren dein Flüstern vernehmen, durch das du mich leitest, mich ermunterst und mir den Weg zeigst, in deinen Absichten und Plänen für mein Leben Erfüllung zu finden. Amen.

Aktiv werden

Wenn Gott spricht, unterbrechen Sie das, was Sie gerade tun, um seine Stimme zu hören, auch wenn sie nur leise flüstert. Ich ermutige Sie, ein Tagebuch zu führen, um in solchen Momenten darin zu notieren, welche Einsichten Sie in Ihrer stillen Zeit mit Gott gewonnen haben.

Ihre Gedanken

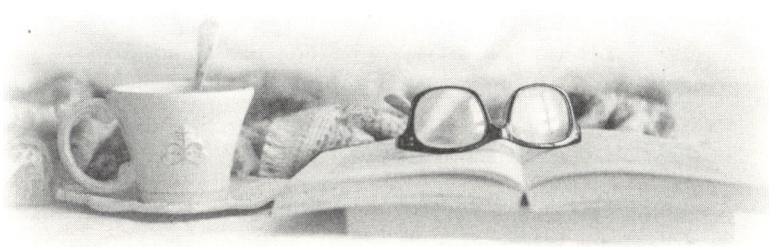

Zwei sind besser als einer

Ein dreifaches Seil kann man kaum zerreißen.
(PREDIGER 4,12)

Hilfe ist nahe. Wir leben in einer Welt, in der vermutlich viele von uns sagen: „Das kann ich selbst tun." Doch das ist eine der Lügen unserer Zeit. Gott schuf Adam und Eva für ein gemeinsames Leben. Er wusste, dass sie einander brauchen würden. Das war damals wahr, und es gilt auch heute. Eine Last ist immer leichter, wenn jemand sie tragen hilft.

Weil wir der Lüge glauben, wir müssten alles immer aus eigener Kraft tun, vergessen wir, andere um Hilfe zu bitten. Und wie oft beklagen wir uns dann insgeheim, dass wir nicht die Hilfe bekommen, die wir zu verdienen glauben? Merken Sie, wie in dieser Situation niemand gewinnen kann? Gott möchte nicht, dass wir uns in diesem Kreis drehen: Wir hoffen auf Hilfe, sprechen unsere Bitte um Hilfe aber nicht aus und sind dann enttäuscht, wenn wir uns allein durchkämpfen müssen.

Unsere echte Hilfe beginnt in uns selbst. Wenn wir ein Herz haben, das auf Gott und seine Fürsorge vertraut, lernen wir es schätzen, im Leben mit ihm und dann auch mit anderen Menschen zusammenzuarbeiten. Auch wenn wir die Ärmel hochkrempeln und unsere eigene Arbeit anpacken müssen, brauchen wir manchmal die Unterstützung anderer. König Salomo sagt uns in all seiner Weisheit, dass Freunde ein großer Segen für uns sind:

- *Wie schlecht ist der dran, der allein ist und fällt, und keiner ist da, der ihm beim Aufstehen hilft! (Prediger 4,10)*
- *Wie kann einer, der alleine liegt, warm werden? (Prediger 4,11)*
- *Ein Einzelner kann leicht von hinten angegriffen und niedergeschlagen werden; zwei, die zusammenhalten, wehren den Überfall ab. (Prediger 4,12)*

- *Ein dreifaches Seil kann man kaum zerreißen. (Prediger 4,12)*

Arbeiten Sie an Beziehungen, die solchen Segen mit sich bringen? Fangen Sie zuhause mit Ihren Familienmitgliedern an. Die Bibel erinnert uns daran, in Einheit zu leben, eines Geistes und eines Sinnes zu sein. Einheit sollte unser Ziel sein. Scheuen Sie sich nicht, um Hilfe zu bitten, und seien Sie unbedingt bereit, anderen zu helfen. Wir lernen so viel über Gott, wenn wir im Team arbeiten.

> Vater Gott, lass mich die Notwendigkeit erkennen, nicht nur um Hilfe zu bitten, sondern auch bereitwillig meine eigene Hilfe anzubieten. Ich möchte die Erfahrung machen, wie wichtig das Miteinander ist. Ich möchte das Leben und den Glaubensweg mit deinen anderen Kindern teilen. Amen.

Aktiv werden

Lernen Sie das Geschenk der Hilfe kennen und immer mehr schätzen, indem Sie sich zuerst um Ihr eigenes Herz kümmern. Wenden Sie sich in Ihrer stillen Zeit mit Ihren Anliegen an den Herrn. Bitten Sie um seine Hilfe und Antwort. Und fangen Sie mit dieser Bereitschaft dann an, Ihr Leben und Ihren Glaubensweg mit Ihrem Ehepartner, Ihrer Familie und anderen Menschen zu teilen.

Ihre Gedanken

Warum tun Sie das, was Sie tun?

Leb nicht übertrieben rechtschaffen und versuch nicht allzu weise zu sein. Oder willst du dich selbst zu Grunde richten?
(PREDIGER 7,16)

Sie kennen sicher das Sprichwort: „Sei nicht so sehr auf den Himmel aus, dass du auf der Erde zu nichts gut bist." Ein hilfreiches Schlüsselwort für unser Leben ist „Mäßigung". Sobald man in materiellen Dingen eine bestimmte Stufe erreicht hat, was kann man da noch tun? Man braucht nicht mehr als drei Mahlzeiten am Tag. Man kann nicht zwei Outfits oder zwei Paar Schuhe gleichzeitig tragen. Man braucht, wenn überhaupt, nur ein Auto, um längere Strecken zurückzulegen. Wir haben tatsächlich einen Nachbarn, der neun Autos besitzt, die sich auf drei Wohnsitze verteilen. Menschen haben also definitiv ihren eigenen Hang zum Luxus. Wenn Sie aber überlegen, was Sie für Ihr eigenes Leben wirklich brauchen, merken Sie, dass es nur sehr wenig gibt, was Sie wirklich brauchen, um gesund und glücklich zu sein. Und um alles, was Gott Ihnen anvertraut hat, gut zu verwalten.

Eine Möglichkeit, um sicherzustellen, dass Ruhm und Wohlstand Sie nicht verändern, ist die Erinnerung daran, dass Ihnen nur eine bestimmte Zeit auf der Erde gegeben ist – weder durch Geld noch durch Berühmtheit können Sie sich zusätzliche Lebensjahre erkaufen. Wenn Sie schon einmal einen existentiellen medizinischen Behandlungsweg zurücklegen mussten oder eine andere Person auf einem solchen Weg begleitet haben, werden Sie immer wieder daran erinnert, wie zerbrechlich und kostbar das Leben ist. Die Extras, die den Applaus der Welt finden, bedeuten so wenig, wenn man dankbar ist für das Geschenk eines weiteren Tages und die Freude der Beziehung mit dem Herrn.

Das Leben ist so kompliziert, dass es für jeden Menschen schwierig ist, herauszufinden, was der Sinn seines Lebens ist und wem er Rechenschaft geben muss. Wenn wir verstehen, dass es unsere erste Priorität ist, Gott zu lieben, Gott zu kennen und mit ihm zu leben, werden wir immer darauf achten, uns vor dem Einen zu verantworten, dem wir von Geburt an Rechenschaft schuldig sind!

Wenn wir jung sind, meinen wir oft, wir hätten für alles im Leben die richtige Antwort. Doch mit zunehmendem Alter erkennen wir, dass wir Teil eines Masterplanes sind, den wir uns nicht immer erklären können. Wenn wir uns an das Prinzip der Mäßigung halten und nah am Herzen Gottes bleiben, liegen große Freude und Erfüllung vor uns. Dann müssen wir nicht eines Tages mit Bedauern auf die Exzesse oder zerstörerischen Neigungen unseres Lebens zurückblicken.

König Salomo erkannte, dass Gott eine souveräne Absicht hat, und dass er uns nicht immer den Schlüssel zu seinem Plan offenbart. Aus welcher Autorität handeln Sie? Darin liegt der Schlüssel zum Leben. Wofür leben Sie?

Vater Gott, führe mich dahin, bescheiden zu werden, damit ich heute offen bin, neue Wahrheiten zu erkennen und die Zusammenhänge des Lebens besser zu verstehen. Du weißt, dass ich mein Denken weiten möchte, um dir ähnlicher zu werden. Amen.

Aktiv werden

Zählen Sie unter der Überschrift „Meine Überlegungen" mehrere Ihrer eigenen Fragen nach dem „Warum" auf. Machen Sie sich bewusst, dass Sie nicht immer die Antwort auf diese Fragen haben werden. Bringen Sie diese Fragen im Gebet zu Gott und legen Sie sie in seine Hand.

Ihre Gedanken

Gebote der Ehe

Wenn ihr mich sucht, werdet ihr mich finden;
ja, wenn ihr ernsthaft, mit ganzem Herzen nach mir verlangt.
(JEREMIA 29,13)

Bob und ich sind schon viele wunderbare Jahre zusammen. Waren diese Jahre immer leicht? Ganz sicher nicht. Brachten sie zahlreiche Lektionen über Liebe und Hingabe mit sich? Absolut! Wenn Sie verheiratet sind, wissen Sie, was ich meine. Und selbst wenn wir allein leben, lernen wir so viel über uns selbst und über Hingabe und Treue, wenn wir betrachten, wie wir uns anderen Menschen gegenüber verhalten.

In den Jahren unserer Ehe haben wir einige Dinge festgestellt, die für das Gelingen einer Ehe notwendig sind. Wir nennen sie unsere „Zehn Gebote der Ehe". In dieser und der nächsten Andacht werde ich diese Gebote zusammenfassen. Ich hoffe, dass sie für Sie hilfreich und ermutigend sein werden.

1. *Zärtlich sein.* Ihr Ehepartner braucht täglich viele Umarmungen, die Ihre gegenseitige Liebe bestätigen. Sie müssen nicht nur mit Umarmungen, sondern auch mit Worten zärtlich sein. Sie müssen einander sagen, dass Sie sich lieben, und einander täglich ein Kompliment machen.
2. *Miteinander reden.* Frauen scheinen das mehr zu brauchen als Männer. Aber auch Männer brauchen eine Gelegenheit, über ihre Hoffnungen und Wünsche zu sprechen. Es ist wichtig, dass beide Seiten lernen, einander zuzuhören und mitfühlend füreinander da zu sein.
3. *Transparent sein.* Seien Sie offen und ehrlich zueinander. Verhalten Sie sich ermutigend, damit Ihr Mann sich sicher genug fühlt, sich Ihnen zu öffnen. Und teilen Sie ihm mit, was Sie auf dem Herzen haben, statt es zu verschweigen und zu hoffen, dass Ihr Mann Ihre Gedanken lesen wird.

4. *Finanzielle Prioritäten setzen.* Ein guter Umgang mit Geld ist ein Beitrag zu einer gesunden Ehe. Erstellen Sie einen Plan, wie Sie Geld ausgeben und sparen wollen, und treffen Sie finanzielle Entscheidungen als Team.
5. *Glänzen Sie in Ihrer Rolle.* Gott hat jedem Ehepartner eine bestimmte Rolle zugewiesen, damit eine gesunde Familie entstehen kann. Jede Familie muss selbst entscheiden, wie diese Rollen am besten verteilt werden, um das Leben und die Einheit der Familie zu fördern. Es gibt auch Opfer, die eine Familie bringen muss.

Aktiv werden

Konzentrieren Sie sich diese Woche darauf, in jeder Kategorie dieser Ehegebote etwas Proaktives zu tun! Beobachten Sie dann, wie jede einzelne Aktion zu positiven Ergebnissen führt. Denken Sie daran, dass Gott uns zwei Ohren, aber nur einen Mund gab …, wir sollten also zweimal so viel zuhören, wie wir reden.

Ihre Gedanken

Weitere Ehegebote

Zwei haben es besser als einer allein:
Zusammen erhalten sie mehr Lohn für ihre Mühe.
(PREDIGER 4,9)

Betrachten wir heute weitere „Gebote", die sich für Bob und mich als hilfreich und ermutigend erwiesen haben, um unsere gegenseitige Hingabe in der Ehe zu fördern. Wir haben die Gebote 1 bis 5 gesehen und kommen nun zu den Geboten 6 bis 10. Überlegen Sie beim Lesen, welche dieser Gebote Ihnen leicht fallen und welche Sie als schwierig empfinden. Bitten Sie Gott um seine Hilfe.

6. *Pflegen Sie ein gesundes Sexualleben.* Nehmen Sie sich Zeit für Romantik und für Ihr Sexualleben. Schenken Sie einander tagsüber Gesten der Zuneigung und Zärtlichkeit. Verabreden Sie regelmäßig einen „Abend zu zweit", der Ihnen und Ihrem Mann den Raum gibt, vertraut miteinander zu reden und zu lachen. Halten Sie sich an der Hand und kuscheln Sie auf der Couch. Intimität stärkt ein Paar.

7. *Tun Sie etwas für die Kameradschaft.* Wenn Ihr Ehemann Ihr bester Freund wird, werden Sie beide sehr davon profitieren. Unterstützen Sie einander in Ihren Interessen. Finden Sie gemeinsame Interessen, die Sie miteinander genießen können. Es gibt viele gesunde Möglichkeiten, dieses „Gebot" zu erfüllen: regelmäßig auswärts essen gehen, zusammen in Urlaub fahren, ins Theater gehen, gemeinsame Spaziergänge unternehmen, an Gemeindeveranstaltungen teilnehmen, und so weiter.

8. *Füreinander attraktiv bleiben.* Das soll nicht heißen, dass Sie sich unter Druck setzen, möglichst perfekt zu sein. Doch wenn wir darauf achten, für unseren Ehepartner attraktiv zu bleiben, zeigen wir damit unsere Wertschätzung. Ist es nicht schön, wenn Ihr Mann bereit ist, ein neues Hemd zu probieren, das Sie ihm gekauft haben, oder wenn Sie

ein Kleid tragen, das die Lieblingsfarbe Ihres Mannes hat? Wenn einer von Ihnen sich nicht wohl in seiner Erscheinung fühlt, sollte der andere ein Spiegel sein, der bedingungslose Liebe zum Ausdruck bringt. Stärken Sie gegenseitig Ihr Selbstvertrauen.

9. *Teamarbeit im Haushalt.* Die meisten Frauen schätzen es sehr, einen Mann zu haben, der im Haushalt hilft! Erstellen Sie einen Plan, der jedem Familienmitglied bestimmte Aufgaben zuweist. Unterstützung im Haushalt muss jedes Familienmitglied leisten. Und wenn Sie als Team an die häuslichen Pflichten herangehen, stärkt es die Einheit und macht mehr Spaß.

10. *Bewundern und schätzen Sie einander.* Wir alle möchten in dem, was wir tun, gewürdigt werden. Nehmen Sie sich die Zeit, Ihrem Mann Ihre Dankbarkeit zu zeigen. Bringen Sie Ihren Kindern bei, wie sie Ihnen und Ihrem Mann Dankbarkeit zeigen können, damit sie ein dankbares Herz entwickeln. Eine Umarmung und ein Dankeschön bedeuten schon sehr viel.

Herr, danke, dass du mir hilfst, unser Zuhause so zu gestalten, dass jeder sich „willkommen" fühlt. Mögen diese Gebote ein Anfang sein, damit unsere Ehe auch für andere ein starkes Vorbild wird. Hilf uns, Zeit in unsere Beziehung zu investieren, damit wir einander nie für selbstverständlich nehmen und füreinander eine Quelle der Inspiration und Ermutigung werden. Amen.

Aktiv werden

Wählen Sie in den nächsten zehn Wochen für jede Woche ein anderes Gebot und versuchen Sie, diese Bereiche Ihrer Ehe zu stärken. Tauschen Sie sich mit Ihrem Ehepartner über diese Erfahrung aus oder arbeiten Sie gemeinsam an diesen Geboten!

Ihre Gedanken

Im Miteinander liegt Kraft

Ich bin ganz sicher, dass Gott,
der sein gutes Werk in euch angefangen hat,
damit weitermachen und es vollenden wird bis zu dem Tag,
an dem Christus Jesus wiederkommt.
(PHILIPPER 1,6)

Wenn wir uns aufrichtig danach sehnen, als Christen zu wachsen, müssen wir uns die Zeit nehmen, aufmerksam zu prüfen, wie wir unseren Verstand, unser Herz und unser Handeln fördern. Wenn wir uns von Gott leiten lassen, damit er unsere Gedanken und Herzen formt, wird die Frucht unseres Handelns rechtschaffener und nützlicher sein. In Gottes Wort finden wir dazu viele hilfreiche Impulse.

Denken

Während die Welt uns viele Dinge anbietet, denen wir unsere mentale Energie nicht widmen sollten, führt Gott uns zu dem, was für uns am besten ist und uns helfen wird, als christliche Frauen reifer zu werden. „Konzentriert euch auf das, was wahr und anständig und gerecht ist. Denkt über das nach, was rein und liebenswert und bewunderungswürdig ist, über Dinge, die Auszeichnung und Lob verdienen." (Philipper 4,8)

Herz

In Psalm 26,2 steht: „Herr, stell mich auf die Probe und prüfe mich auf Herz und Nieren!" Für jeden von uns ist das ein unverzichtbarer Herzensruf. Wir werden nie wissen, wer wir sind oder wer wir werden können, wenn wir nicht bereit sind, auf die Probe gestellt zu werden. Wenn Sie Ihr Herz vor den Herrn bringen und von ihm prüfen lassen, können Sie es mit Gottes Absichten in Einklang bringen. Ein reines Kopfwissen rettet uns nicht. Gottes Wahrheit muss vom Kopf ins Herz fallen – das sind keine 40 Zentimeter –, um unser Denken wirklich zu erneuern.

Handeln

Gott befähigt uns dazu, seine Wege zu gehen. Und wenn wir unsicher sind, was zu tun ist oder wie wir in einer Situation reagieren sollten, erinnert er uns daran, zu den wesentlichen Dingen des Lebens im Glauben zurückzukehren: „Es wurde dir, Mensch, doch schon längst gesagt, was gut ist und wie Gott möchte, dass du leben sollst. Er fordert von euch nichts anderes, als dass ihr euch an das Recht haltet, liebevoll und barmherzig miteinander umgeht und demütig vor Gott euer Leben führt." (Micha 6,8)

> Vater Gott, ich möchte, dass du in meinem Leben wirkst. Ich möchte die Frau werden, die ich nach deinem Herzenswunsch sein kann. Erforsche mein Denken und mein Herz. Zeige mir, in welchen Bereichen ich dich mehr suchen muss, damit ich meinen Glauben so leben kann, dass meine täglichen Entscheidungen und Taten dich ehren. Amen.

Aktiv werden

Prüfen Sie Ihr eigenes Herz, um zu erkennen, woran Sie noch arbeiten müssen, um als Christin reifer zu werden. Wenn Sie eine gläubige Freundin haben, bitten Sie sie, immer wieder nachzufragen, damit Sie in der Verantwortung bleiben, so zu denken, zu glauben und zu handeln, wie es Gott gefällt. Versuchen Sie, jedes Gefühl der Unzulänglichkeit oder des Mangels mit Gottes Wahrheit und seinen Verheißungen zu füllen.

Ihre Gedanken

Warum ich, Herr?

Und wir wissen, dass für die,
die Gott lieben und nach seinem Willen zu ihm gehören,
alles zum Guten führt.
(RÖMER 8,28)

Haben Sie je die Frage gestellt: „Warum ich, Herr?" Als bei mir erstmals Krebs diagnostiziert wurde, gingen mir alle möglichen Fragen durch den Kopf. Doch aus der Erfahrung schwieriger Situationen in der Vergangenheit wusste ich, dass uns nichts widerfährt, was nicht zuerst von Gott zugelassen wurde. Die säkulare Welt weiß nichts von diesem Prinzip. Doch als Gläubige können wir innerlich im Frieden bleiben, wenn wir mit Anfechtungen konfrontiert sind.

Manchmal fragen wir uns, warum Gott uns so schlimme und schwierige Zeiten durchmachen lässt, aber wir wissen, dass er die Dinge so ordnet, dass sie für uns immer zum Guten ausschlagen. Wir müssen ihm nur vertrauen – dann wird irgendwann etwas Wunderbares daraus entstehen! Es ist natürlich nicht immer leicht zu vertrauen, aber ich kann Ihnen aus Erfahrung sagen, dass Ihr Glaube tiefer wird als je zuvor, wenn Gott Sie durch eine schwere Prüfung begleitet.

Ich kann ehrlich sagen, dass Gott durch meine Schwierigkeiten meinen Glauben vertieft und mich zu einer dankbareren Person gemacht hat, weil er mir in dieser Zeit täglich zur Seite gestanden hat.

Wenn ich auf mein bisheriges Leben zurückblicke und an einige Herausforderungen denke, durch die er mich durchgebracht hat, möchte ich ihn preisen. Ich möchte ihm Ehre geben. Und ich möchte von nun an jeden weiteren Tag dazu nutzen, meinem treuen Herrn zu dienen.

Sehr viel Druck ist nötig, damit aus einem Stein ein kostbarer Diamant wird. Wenn ich den Herrn anflehe, mich in meinem Leben von Schmerz zu befreien, antwortet er: „Noch nicht."

Welche Prüfung haben Sie durchgemacht? Unter welchem Druck stehen Sie im Moment gerade, den Sie am liebsten sofort los wären? Versuchen Sie, diese Belastung in dem völligen Vertrauen zu Gott zu bringen, dass er Ihnen durch die Umstände hindurch helfen wird. Und dass er Sie durch das, was der Welt vielleicht als unwiederbringlicher Verlust oder Kummer erscheint, zu einem kostbaren Edelstein formen wird. Sie sind nicht allein, liebe Freundin. Unser Gott ist bei Ihnen, und er sieht schon den Juwel, den er hervorbringt.

> Vater Gott, das Leben ist nicht leicht. Hilf mir, in allen Dingen dir zu vertrauen. Gib mir einen vertrauensvollen Geist, der sich treu auf dein Wort und deine Führung stützt. Vielleicht werde ich nicht alles verstehen, was ich durchmache, aber ich weiß, dass jede Prüfung eine weitere Gelegenheit ist, deine Barmherzigkeit, Fürsorge und Erlösung zu erfahren. Amen.

Aktiv werden
Sagen Sie nicht: „Warum ich, Herr?" Sagen Sie stattdessen: „Warum ich nicht, Herr?" Gott ist in dieser Situation bei Ihnen, und er ist für Sie. Sie müssen diesen Weg nicht allein bewältigen.

Ihre Gedanken

Wer sind Sie?

Gott entgegnete: „Ich bin, der ich bin."
(2. MOSE 3,14)

Wir leben in einer Welt, in der Menschen ständig herauszufinden versuchen, wer sie sind. Viele Geschiedene sagen, dass sie ihre Ehe verlassen, um herauszufinden, wer sie sind. Adoptierte Kinder geben sich viel Mühe, ihre biologischen Eltern zu finden, um besser zu verstehen, wer sie sind. Wir alle haben die Bibel direkt vor uns liegen, die uns sagt, wer wir sind. Wir müssen nicht in der Welt suchen, um unsere Identität zu finden, wenn die Bibel uns versichert, welches Erbe wir haben und dass wir das ewige Leben besitzen.

Nehmen Sie sich die Zeit, folgende Verse zu lesen, um herauszufinden, wer Sie für unseren Herrn sind. Wenn Gott es gesagt hat, können Sie es glauben.

- *Ich bin Gottes Kind. (Johannes 1,12)*
- *Ich bin gewiss, dass Gott das angefangene Werk in mir vollenden wird. (Philipper 1,6)*
- *Ich bin eine Bürgerin des Himmels. (Philipper 3,20)*
- *Ich bin für andere ein Licht. (Epheser 5,8-9)*
- *Mir wurde nicht ein Geist der Furcht gegeben, sondern ein Geist der Kraft, der Liebe und der Besonnenheit. (2. Timotheus 1,7)*
- *Mir wurde Gottes herrliche Gnade geschenkt. (Epheser 1,5+7)*
- *Mir wurde vergeben. (Kolosser 1,14)*
- *Ich bin eine neue Schöpfung. (2. Korinther 5,17)*

Solange wir nicht wirklich lernen, wie wir Gott anbeten sollen, können wir nicht erkennen, wer er ist. Wir können uns in seiner ganzen Schöpfung umsehen und ihre Schönheit wahrnehmen; aber das ist nicht dasselbe, wie ihn zu kennen. Je mehr wir Gott kennenlernen, desto mehr wissen wir zu schätzen, wer er tatsächlich ist, und was für ein Geschenk es ist, ihm zu gehören.

Und je mehr wir zu schätzen wissen, wer er wirklich ist, desto mehr haben wir den Wunsch, ihm Ehre zu bringen.

Besonders erstaunlich an der Erkenntnis Gottes ist, dass er uns offenbart, wer er ist. Die Bibel sagt uns, dass er uns sogar Anteil an seiner Macht gibt, denn er weiß, dass sein Wille uns einen Lebenssinn gibt. Er tut das alles, weil er uns liebt – weil er uns so sehr liebt, dass er uns alle Sünden vergibt. Das Kreuz hat das möglich gemacht.

Gott, danke, dass du mir die Möglichkeit gibst, dich immer besser kennenzulernen. Auf diese Weise kann ich besser akzeptieren, wer ich bin. Ich bin so dankbar für deine Offenbarung durch die Bibel. Wenn mein Leben zu geschäftig wird, merke ich, wie ich mich selbst und meine Verbindung zu dir verlieren kann. Hilf mir, nach dir zu suchen und in Zeiten der Stille mein Herz und meinen Geist zu nähren, damit ich dich besser kennenlernen und tiefer erkennen kann. Amen.

Aktiv werden

Nehmen Sie sich Zeit, über diese Bibelverse nachzudenken, damit Sie wissen können, wer Gott ist und wer Sie als seine Tochter sind. Ziehen Sie in Betracht, einen Brief an Gott zu schreiben, so wie Sie einen Brief als Tochter an ihren Vater schreiben würden. Sagen Sie ihm, was in Ihrem Leben gerade vor sich geht.

Ihre Gedanken

An Ihren Entscheidungen werden Sie erkannt

Wenn jemand unter euch Weisheit braucht,
weil er wissen will, wie er nach Gottes Willen handeln soll,
dann kann er Gott einfach darum bitten.
Und Gott, der gerne hilft, wird ihm bestimmt antworten,
ohne ihm Vorwürfe zu machen.
(JAKOBUS 1,5)

Die Bibel enthält wunderbare Zusagen und Verheißungen für alle, die an Jesus Christus, den Sohn Gottes, glauben. Überlegen Sie, wie diese Verheißungen zu Ihren eigenen werden können. Die Bibel sagt:

- **Erkenne an,** *dass du nicht gerettet werden kannst, indem du versuchst, gut zu sein oder Gutes zu tun. „Denn aus Gnade seid ihr gerettet durch Glauben, und das nicht aus euch: Gottes Gabe ist es, nicht aus Werken, damit sich nicht jemand rühme." (Epheser 2,8-9; LU)*
- **Bekenne,** *dass du ein Sünder bist, der das gerechte Gericht Gottes verdient, und dass du ohne den Herrn Jesus Christus als deinen persönlichen Erretter verloren bist. „Wenn du mit deinem Mund bekennst, dass Jesus der Herr ist, und wenn du in deinem Herzen glaubst, dass Gott ihn von den Toten auferweckt hat, wirst du gerettet werden. Denn durch den Glauben in deinem Herzen wirst du vor Gott gerecht, und durch das Bekenntnis deines Mundes wirst du gerettet." (Römer 10,9-10)*
- **Glaube** *die gute Nachricht, dass Jesus für dich starb und durch seinen Tod am Kreuz für deine Schuld bezahlt hat. Glaube, dass Christus von den Toten auferweckt wurde und nun lebt, um alle zu retten, die im Glauben zu ihm kommen. „Deshalb kann [Jesus] auch für immer alle retten, die durch ihn zu Gott kommen. Er lebt ewig und wird vor Gott für sie eintreten." (Hebräer 7,25)*

- **Rufen** Sie den Namen des Herrn Jesus Christus **an,** in dem aufrichtigen Wunsch, von Ihren Sünden errettet zu werden. Gott hat versprochen, dass „jeder, der den Namen des Herrn anruft, ... gerettet werden wird." (Römer 10,13)
- **Verlassen** Sie sich **auf** die sicheren Zusagen Gottes und nicht auf Ihre Gefühle. Bekennen Sie ihn offen als Ihren Herrn und Erlöser. „Denn Gott hat die Welt so sehr geliebt, dass er seinen einzigen Sohn hingab, damit jeder, der an ihn glaubt, nicht verloren geht, sondern das ewige Leben hat." (Johannes 3,16)

Wenn Sie Jesus noch nie im Glauben als Ihren persönlichen Erlöser angenommen haben, ermutige ich Sie, es in diesem Augenblick in der Stille Ihres eigenen Herzens zu tun.

Vater Gott, ich erkenne, dass ich ein sündiger Mensch bin und von dir getrennt bin. Ich öffne mein Herz und nehme dich als meinen persönlichen Erlöser und als den Herrn meines Lebens an. Ich weiß, dass du mir meine Sünden vergeben wirst. Ich möchte, dass du mich lehrst und leitest und mir Sinn für mein Leben gibst. Ich möchte, dass du der Töpfer bist, und ich werde der Ton sein. Forme und gestalte mich so, wie du es willst. Amen.

Aktiv werden

Ich ermutige Sie, in dieser Woche mehrmals über diese Schritte nachzudenken und Gott im Gebet zu danken.

Ihre Gedanken

Lassen Sie Ihre Ängste los

Denn wir haben nicht einen Hohenpriester,
der nicht könnte mit leiden mit unserer Schwachheit,
sondern der versucht worden ist in allem wie wir,
doch ohne Sünde.
(HEBRÄER 4,15; LU)

Wir sind so gesegnet. Unser Heiland fühlt in unseren menschlichen Erfahrungen mit und lässt uns in unseren Anfechtungen nicht im Stich. Wenn wir auf unsere vergangenen Krisen zurückblicken und über die gegenwärtigen nachdenken, können wir sicher sein, dass Gott uns versteht. Diese Gewissheit und dieser Friede können uns Mut machen, unsere Tage mit Glauben statt in Angst zu leben.

Jesus ertrug Schmerz und Leid, und nun kann er uns Barmherzigkeit und Gnade geben, um uns in unserer Zeit der Not zu helfen. Der heutige Vers hilft mir, ihm umso mehr zu vertrauen und ihn zu lieben. Er kümmert sich liebevoll um uns, weil er unsere Versuchungen versteht.

Der Abschnitt in Hebräer 4,14-16 fordert uns auf, an unserem Glauben festzuhalten. Dieser Hohepriester versteht unsere Schwachheit, weil er dieselben Prüfungen durchgemacht hat wie wir, doch ohne zu sündigen. Lassen Sie uns deshalb mutig zum Thron unseres gnädigen Gottes gehen. Dort werden wir seine Barmherzigkeit empfangen und Gnade finden, die uns hilft, wenn wir sie am dringendsten brauchen.

- **Barmherzigkeit** *ist die unverdiente Gunst, die uns vergibt.*
- **Gnade** *ist die unverdiente Gunst, die uns rettet.*

Im Buch Exodus erfahren wir von den Auseinandersetzungen zwischen Mose und Gott. Schon früh sagte er Gott, er sei nicht gut genug (er hatte Angst). In 2. Mose 4,13 lesen wir, dass Mose Gott bat, einen anderen zu beauftragen. Am Ende lesen wir, dass

Mose ja zu Gott sagte und im Glauben anfing, ihm zu vertrauen. Hätte Mose nicht ja gesagt, hätte er alles verpasst, was Gott für ihn bereithielt.

Auch wir müssen Gott vertrauen, wenn wir das werden wollen, was wir nach Gottes Wunsch sein sollen. Vielleicht sind Sie gerade in einer Situation, die bei Ihnen Zweifel und Angst auslöst, statt Vertrauen. Hören Sie genau hin, wie Gott zu Ihnen sagt: „Du kannst mir vertrauen." Glauben Sie es, und gehen Sie im Glauben voran.

Jesus, leite meine Schritte auf dem Weg durch meine Probleme und Versuchungen. Hilf mir, an meinem Glauben und meinen Erkenntnissen festzuhalten, damit ich mich nicht von dem Besten abwende, das du für mich bereithältst. Ich vertraue dir in Bezug auf meine Situation, meinen Tag, meine Zukunft. Ich bin so dankbar. Amen.

Aktiv werden

Schreiben Sie ein Gebet auf, in dem Sie alle gegenwärtigen Versuchungen und Anfechtungen Gott geben. Während Sie das tun, stellen Sie sich vor, wie er Sie in diesen Situationen aufrechterhält und durchbringt.

Ihre Gedanken

Friedlich schlafen

Bring deine Sorgen vor den Herrn, er wird dir helfen.
(PSALM 55,23)

Haben Sie sich schon einmal schlaflos im Bett gewälzt, weil etwas in Ihrem Leben Ihnen große Sorgen gemacht hat? Machen Sie sich vielleicht Sorgen über ein Kind, über berufliche Belastungen oder finanzielle Nöte? Was immer es sein mag: Es geht Ihnen ständig durch den Kopf. Nachts grübeln Sie und starren an die Decke. Und tagsüber sind Sie gedankenverloren und atmen flach, weil die Sorge anhält.

Wenn sich solche belastenden Gedanken einschleichen, denken Sie an den heutigen Psalm, damit Sie Frieden haben können. Wenn Gott sagt, dass Sie Ihre Sorgen auf ihn werfen sollen und er Ihnen helfen wird, dann meint er jedes Wort dieser Zusage. Denken Sie daran, dass Gott nicht imstande ist, seine Verheißungen zu brechen.

Der Weg durch ein tiefes Tal wird Sie Gott sehr nahe bringen. Ich bin nicht sicher, warum wir eigentlich warten, bis Probleme eingetreten sind; aber wie schnell suchen wir immer Gott, wenn Probleme auftauchen. Das ist der Moment, an dem wir wirklich Gottes Trost brauchen. Als Eltern warten wir sehnsüchtig darauf, dass unsere Kinder kommen und mit uns reden. Wir tun das Beste, wenn wir in Verbindung bleiben. Stellen Sie sich vor, wie sehr Gott möchte, dass wir zu ihm kommen und mit ihm reden.

Ich habe sanft gebetet; ich habe zornig gebetet; ich habe unter Tränen, mit flehentlichen Bitten, in Verzweiflung, mit Lobpreis und natürlich mit Dank gebetet. Gott hat mich jedes Mal gehört, und er hat mich aufrechterhalten. Er war in der Vergangenheit gut zu mir, er ist es jetzt, und ich weiß, er wird auch in Zukunft für mich da sein.

Er wird auch Sie aufrechterhalten. Und nicht nur das: Er wird die Probleme beheben, die Sie plagen, was immer es auch sein mag. Gott hat Freude daran, unser Gott zu sein. Rauben Sie ihm nicht die Freude, die es ihm macht, Ihre Last auf seine Schultern zu nehmen.

Er möchte wirklich gern helfen. Ebnen Sie den Weg dafür, indem Sie mit ihm im Gespräch bleiben und in allen Lebensumständen beten. Nichts ist zu groß oder zu klein, um es vor den Herrn zu bringen. Warten Sie damit nicht, bis der Notfall eingetreten ist.

Vater Gott, hilf mir, meinen Kreislauf der Sorge zu durchbrechen. Wenn ich gedanklich und geistlich ruhelos bin, lass mich zu deinem Wort und in deine Gegenwart kommen, um Frieden zu finden. Leite mich in meinen Gedanken, damit sie von dir kommen und nicht aus Angst entspringen. Ich möchte, dass der Glaube und nicht die Angst mein Leben beherrscht, Herr. Amen.

Aktiv werden

Es kann sehr befreiend sein, Sorgen aufzuschreiben und in einer Zeremonie an Gott abzugeben. Notieren Sie Ihre Sorgen und stecken Sie den Zettel dann in einen Briefumschlag mit der Aufschrift „In Gottes Hand". Nehmen Sie wahr, wie gut es sich anfühlt, dass Gott sich jetzt um Ihre Anliegen kümmert.

Ihre Gedanken

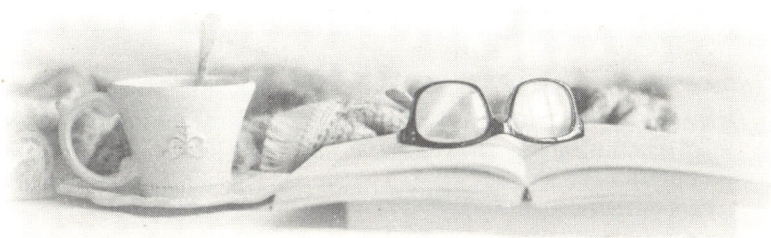

Kein Besetztzeichen im Himmel

Gott, höre mein Gebet und weise meinen Hilferuf nicht ab!
(PSALM 55,2)

Gott hört uns immer. Wenn wir unsere Stimme, unsere Gedanken und das Flehen unseres Geistes zu ihm bringen, hört er zu. Da gibt es keine Besetztzeichen und keine weiteren Ziffern, die wir drücken müssen, um durchgestellt zu werden. Das ist eine lebenslange Garantie. Und es ist ganz umsonst – ohne Grundgebühren oder Steuern.

Wenn ich mich in öffentlichen oder privaten Gebeten an Gott wende, muss ich in Erinnerung behalten, dass dieser Moment eine festgesetzte Zeit zwischen mir und meinem Herrn ist. Blumige Worte sind ebenso fehl am Platz wie das Bedürfnis, vor denen, die mich mit Gott reden hören, wortgewandt und perfekt zu beten. Jesus zeigte den Jüngern durch das Vaterunser seine Sicht des Gebets, und das ist ein perfektes Beispiel, wie wir allein oder mit anderen beten sollten. Wir müssen demütig sein, wenn wir zum Herrn kommen und ihn anbeten. Im Lauf der Jahre hatten Bob und ich oft die Gelegenheit und das Privileg, dass Menschen für uns beteten. Es war immer ein solcher Segen, wenn Besucher fragten: „Hätten Sie etwas dagegen, wenn ich für Sie bete?" „Natürlich nicht", antworteten wir sofort.

Die stärksten dieser Gebete wurden oft von gottesfürchtigen, demütigen Glaubenskämpfern gesprochen. Viele von ihnen waren Menschen, die denselben Weg gegangen waren wie wir. Sie verstanden die Leiden, die wir durchmachten. Sie wussten, dass Worte, die vor dem Herrn für uns ausgesprochen wurden, das Leid jeder Krankheit oder Not lindern können. Aus der Erfahrung ihrer eigenen Täler hatten sie im Lauf der Jahre gelernt, sich direkt an Gott zu wenden und ihre Last am Fuß des Kreuzes abzulegen. Er hört und antwortet mit einem Segen. Jede Bitte bewegt unseren himmlischen Vater. Er hat ein offenes Ohr für diejenigen, die in ihrem Geist bedrückt sind.

Entscheiden Sie sich, eine Gebetskämpferin für eine Freundin in Not zu sein. Wenn es Ihnen schwerfällt, laut für die Person zu beten, gebrauchen Sie einen Vers aus dem Vaterunser als Hilfe für diesen Glaubensakt. Die Bitten und die Dankbarkeit Ihres Herzens werden beim Beten bald aufsteigen und die Worte werden leichter fließen. Gott erwartet keine perfekten Gebete. Ihre offene Leitung zu ihm ist Ihr offenes und williges Herz.

> Vater Gott, ich komme mit demütigem Herzen zu dir. Ich bitte um die rechten Worte, um für meine Freundin in ihrer Not einzutreten. Du weißt, was sie braucht, lange bevor sie selbst oder ich es wissen ..., lenke mein Herz und meinen Geist, damit ich sie im Gebet unterstützen und jetzt und in den nächsten Tagen eine geistliche Weggefährtin für sie sein kann. Amen.

Aktiv werden

Lernen Sie das Vaterunser auswendig und beten Sie es täglich laut in Ihrer stillen Zeit. Es wird für Sie und die Menschen, mit denen Sie es teilen, eine besondere Quelle des Zuspruchs werden.

Ihre Gedanken

Sich in der Liebe bergen und in der Liebe bleiben

Ich habe euch genauso geliebt, wie der Vater mich geliebt hat.
Bleibt in meiner Liebe.
(JOHANNES 15,9)

Das Christentum ist keine Religion; das Christentum ist eine Beziehung. Als ich das vor vielen Jahren zum ersten Mal hörte, war ich zuerst ein wenig verunsichert, weil ich immer dachte, dass das Christentum eine der großen Weltreligionen ist. Doch dann erkannte ich, dass ich mit Jesus gehe und nicht mehr unter dem Gesetz des Alten Testaments lebe, sondern unter der Gnade des Neuen Testaments.

Eine Religion hat eine Reihe von Regeln, die man befolgen muss. Eine Religion sagt: „Du sollst dieses tun und jenes lassen; wenn nicht, wirst du bestraft." Sind Sie zu derselben Erkenntnis gekommen wie ich, dass man diese lange Liste von Regeln einfach nicht erfüllen kann?

Der Moment, in dem uns dies klar wird, kann für uns der Augenblick großer Freiheit und starken Glaubens sein. Wir erkennen, dass wir zu einer Beziehung mit unserem Heiland berufen sind. Und alles, was wir tun können, tun wir in seiner Kraft. Vielleicht wollen wir aus Gewohnheit von der Beziehung lassen und zu den Regeln zurückkehren. Gewohnte Strukturen fühlen sich manchmal sicherer an …, sicherer als Glaube und Vertrauen. Doch in der Beziehung mit Christus und durch die Beziehung zu ihm haben wir viel mehr Freiheit. Der Apostel Paulus schrieb in Römer 6,14: „Die Sünde hat die Macht über euch verloren, denn ihr steht nicht mehr unter dem Gesetz, sondern seid durch Gottes Gnade frei geworden."

Was für eine mächtige Wahrheit für uns heute. Wie können wir also darin ruhen, wenn wir noch vergeblich versuchen, das alte Gesetz zu erfüllen? Zwei Gedanken können eine Grundlage für unser Handeln werden: Uns in seiner Liebe bergen und in seiner Liebe bleiben.

Paulus sagt in Galater 5,16-19, dass wir nicht nach den Wünschen unserer menschlichen Natur handeln werden, wenn wir im Heiligen Geist leben. Der Heilige Geist und unsere fleischliche Natur stehen in Konflikt miteinander. Wenn Sie vom Heiligen Geist geleitet werden, sind Sie nicht unter dem Gesetz. Da wir durch den Heiligen Geist leben, wollen wir auch mit dem Heiligen Geist Schritt halten. Wenn wir unser Leben auf den Heiligen Geist ausrichten, beschäftigt uns nicht das, was wir nicht tun sollten, sondern wir leben unter der Gnade und achten auf das, was von uns ausstrahlt (Verse 22-23): Liebe, Freude, Frieden, Geduld, Freundlichkeit, Güte, Treue, Sanftmut und Selbstbeherrschung.

Herr der Gnade, du hast mir einen Weg der Gnade gegeben, dem ich folgen darf. In deiner Kraft kann ich ein gerechtes Leben führen, in dem es nicht um Regeln, sondern um Beziehung geht. Mein Glaube vertieft sich jedes Mal, wenn ich mich in deine Arme fallen lasse und darauf vertraue, dass du da bist. Meine Hoffnung wird jedes Mal heller, wenn ich einen Schritt wage, weil ich weiß, dass du mich führst. Amen.

Aktiv werden

Achten Sie im Lauf des Tages und der Woche darauf, welche Früchte des Geistes in Ihrem Leben sichtbar werden. Überlegen Sie, welche Früchte weniger präsent sind, und legen Sie diese Bereiche voll Vertrauen und Glauben in Gottes Hand. Schauen Sie dann, was sich entfalten wird!

Ihre Gedanken

In der Stille Gott erkennen

Seid stille und erkennet, dass ich Gott bin!
(Psalm 46,11)

Unsere Kultur wird von Reizen überflutet. Laute Musik zuhause, im Einkaufszentrum und sogar in vielen Restaurants. Werbung breitet sich in allem aus, was wir lesen, hören und sehen. Selbst Aktivitäten, mit denen wir uns vergnügen wollen, können durch Lärm, Bilder oder Ablenkungen überstrapaziert werden. Wenn man gern im Internet surft, sich Filme anschaut oder in den sozialen Netzwerken postet oder sich Postings anschaut, stellt man vielleicht plötzlich überrascht fest, dass der ganze Nachmittag vorüber ist und man sich noch zerstreuter fühlt als zuvor.

Kein Wunder, dass so viele Menschen heute nervös sind, nur eine kurze Aufmerksamkeitsspanne haben, schlecht hören und Mühe haben, ruhig zu werden. Versuchen wir überhaupt noch, Raum für Stille, Ruhe und Schweigen zu schaffen? Nehmen wir uns Augenblicke zum Nachdenken und Innehalten, um einen klaren Kopf zu bekommen und mit Gott zu reden?

Ich glaube, dass selbst diejenigen, die ihre stille Zeit mit dem Herrn schätzen, sich am Anfang mit der fehlenden Geräuschkulisse oder der fehlenden Ablenkung etwas schwer tun. Wir fühlen uns leicht unwohl, weil Stille nicht mehr natürlich ist. Wenn ich an Gottesdiensten teilgenommen habe, in denen eine Zeit der Stille gehalten wurde, um zu beten, spürte ich, dass diese Stille einigen Besuchern unangenehm war oder sie verlegen machte. Da reagieren Erwachsene plötzlich wie Kinder, die auf dem Stuhl herumrutschen oder mit irgendwelchen Gegenständen spielen. Das Stillwerden ist uns so fremd geworden!

Unserer Kultur entgeht damit etwas sehr Großes und Wichtiges. Zeiten der Stille erfrischen die Seele, bieten uns Raum zum Nachdenken und vielleicht eine Gelegenheit, zu trauern oder fröhlich zu sein oder sogar Gottes leise, sanfte Stimme zu uns sprechen zu hören.

Gibt es solche Zeiten bei Ihnen zuhause? Oder ist Ihr Haus von disharmonischen Klängen aus Fernsehlautsprechern und Musikboxen erfüllt? Müssen wir uns da noch wundern, wenn viele von uns und unsere Kinder nicht wissen, wie sie Zeiten des Schweigens und der Stille genießen können? Unsere Herzen und Seelen sehnen sich nach solchem Frieden, doch wir übertönen diese Sehnsucht mit noch mehr Lärm, mehr Geschäftigkeit und weiteren Ablenkungen. Gestatten Sie sich selbst die Freude der ungestörten Stille und den Schatz des Gebets. Lehren Sie auch Ihre Kinder, diese Gaben schätzen zu lernen. Der Psalmist wusste, dass wir in unserem Treiben innehalten und still werden müssen, wenn wir Gott kennenlernen wollen. Die Geschäftigkeit des Lebens muss zum Stillstand kommen, damit wir Gott erkennen.

Vater Gott, ich merke, wie unruhig ich bin; hilf mir, jeden Tag eine Zeit der Stille einzuplanen, damit ich still werden kann. Lass mich in dieser Stille darüber nachdenken, wer du bist, und lass mich dich tiefer erkennen. Hilf mir, unser Zuhause zu einem friedlichen Ort zu machen, ohne elektronisches Getöse. Amen.

Aktiv werden

Verständigen Sie sich als Familie darauf, einmal in der Woche vierundzwanzig Stunden lang alle elektronischen Geräte abzuschalten. Wenn das für den Anfang zu viel scheint, beginnen Sie mit einem Vier-Stunden-Zeitfenster und fügen Sie jede Woche eine Stunde hinzu. Nutzen Sie diese Stunden für Gespräche, Spiele und Ausflüge, um als Familie Zeit miteinander zu verbringen.

Ihre Gedanken

Für die Zukunft auf Gott vertrauen

Was betrübst du dich, meine Seele, und bist so unruhig in mir?
(PSALM 43,5; LU)

Ich liebe die älteren, reiferen Gläubigen, weil sie unendlich viele Geschichten darüber zu erzählen haben, wie Gott sich in der Vergangenheit und in der Gegenwart als treu erwiesen hat; und sie wissen, dass er auch in der Zukunft für sie sorgen wird. Man schöpft so viel Hoffnung und Weisheit, wenn man hört, wie andere ihren Weg mit Gott gegangen sind oder mit seiner Hilfe eine besonders schwierige Zeit durchgestanden haben. Ich werde ungehalten, wenn ich versuche, die Dinge aus eigener Kraft und Stärke zu tun. Vielleicht fange ich es im Glauben gut an, doch dann kommt irgendetwas dazwischen. *Ich selbst* stehe mir im Weg. Und dann bin ich enttäuscht. Kennen Sie das auch?

In dem heutigen Bibeltext bringt der Psalmist eine ähnliche Erfahrung zum Ausdruck. Meine Seele, was bist du so entmutigt? Warum bist du so unruhig, wo du doch Gott hast, auf den du vertrauen kannst? Dann fährt der Psalmist fort: „Ich werde ihm noch danken, dass er meines Angesichts Hilfe und mein Gott ist." Wenn Ihre Seele betrübt ist, müssen Sie beständig auf Gott vertrauen.

Trotz allem, was in unserem Leben passiert, können wir laut und deutlich sagen: „Wir werden uns nicht fürchten!" Ich ermutige Sie, sich heute oder in der nächsten Woche eine Zeit der Stille zu nehmen, um in Gottes Wort zu lesen, um in seinen Zusagen Zuversicht und Trost zu finden. Wählen Sie einen Abschnitt, der Sie stärkt und daran erinnert, ihm noch mehr zu vertrauen, und lernen Sie ihn auswendig. Wenn Sie dann wieder ängstlich werden oder über Ihre menschlichen Schwächen frustriert sind, werden Sie Gottes Wort in Ihrem Herzen und in Ihren Gedanken hören. Die auswendig gelernten Verse werden Ihnen gerade dann einfallen, wenn Sie sie brauchen, und Sie daran erinnern, wer alles in der Hand hat.

Ich kann glauben, dass Gott sich um meine Zukunft kümmern wird, weil er in der Vergangenheit so gut für mich gesorgt hat. Wenn es Ihnen schwerfällt zu erkennen, wie Gott Sie in der Vergangenheit getragen und geleitet hat, nehmen Sie sich die Zeit, sich die Glaubensgeschichten anderer anzuhören. Dieser Austausch über Gottes Treue wird Sie nicht nur inspirieren, sondern Ihnen auch ein Licht aufgehen lassen, sodass Sie erkennen, wie Gott schon längst an Ihrer Heilung wirkt und Teil Ihrer Geschichte ist.

> Vater Gott, du bist meine Quelle der Kraft. In letzter Zeit bin ich so entmutigt über mein eigenes Verhalten und meine Fehler. Ich übergebe sie alle dir. Verwandle du sie zu etwas Schönem. Mache etwas daraus, das dir dient. Erinnere mich daran, dass jeder Moment, in dem ich scheitere oder zu kämpfen habe, auch ein Moment ist, in dem ich mich in der vollen Gewissheit auf dich stützen kann, dass du da bist. Amen.

Aktiv werden
Setzen Sie heute Ihren Glauben ganz konkret in die Tat um. Achten Sie darauf, wie Gott in der Situation wirkt und handelt, während Sie ihm vertrauen.

Ihre Gedanken

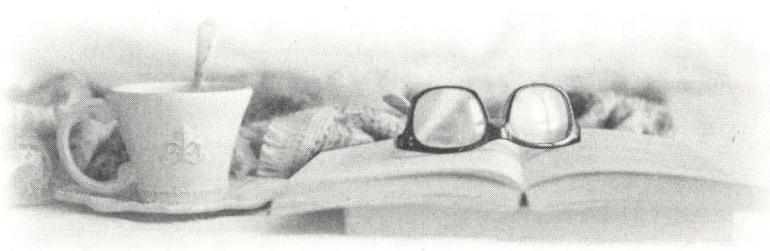

Das Positive betonen

Ein Betrübter hat nie einen guten Tag;
aber ein guter Mut ist ein tägliches Fest.
(SPRÜCHE 15,15)

Das Buch der Sprüche eignet sich hervorragend, um sich mit den Fakten des Lebens zu beschäftigen. Als ich die einunddreißig Kapitel durchlas, war ich überwältigt von dem, was ich lernte. Tatsächlich ist jeder Vers voller Weisheit. Haben Sie schon einmal darüber nachgedacht, wie Weisheit in Gott unseren negativen Einstellungen begegnet? Wenn uns ständig gesagt wird, was wir alles nicht tun können, oder wenn wir uns sogar selbst sagen, was wir alles nicht tun können, verleugnen wir Gottes Weisheit und Perspektive! Wir lassen uns entgehen, was bei Gott möglich ist, weil wir darin stecken bleiben, unsere Situation durch den Filter „Wenn doch nur ..." zu betrachten.

- *Wenn ich doch nur diese Krankheit nicht hätte.*
- *Wenn ich doch nur eine bessere Arbeitsstelle hätte.*
- *Wenn doch nur meine Eltern noch leben würden.*
- *Wenn ich doch nur meinen Ehepartner nicht geheiratet hätte.*
- *Wenn ich doch nur eine bessere Schulbildung hätte.*
- *Wenn ich doch nur einmal im Lotto gewinnen könnte.*

Wenn doch nur, wenn doch nur, wenn doch nur. Man könnte die Liste endlos fortsetzen. Solche Gedanken halten uns davon ab, die Person zu sein, die wir nach Gottes Willen sein könnten. Wir werden entweder ständig darauf warten, dass alle Voraussetzungen perfekt sind, bevor wir im Glauben handeln, oder wir werden unsere Liste als eine Reihe von Entschuldigungen benutzen, warum wir nicht im Glauben vorangegangen sind. Glaube bedeutet nicht, zu warten, bis perfekte Bedingungen sich einstellen. Glaube bedeutet, sich auf Gottes Willen einzustellen. Lassen Sie nicht zu, dass Ihre negativen Bemerkungen den Menschen

Ihrer Umgebung die Vitalität entziehen oder Ihren Träumen und Zielen den „Stecker" ziehen. Verwandeln Sie jedes „Wenn doch nur" in ein „Ich kann"! Mit Gottes Hilfe kann ich. Mit Gottes Führung kann ich. Mit Gottes Segen kann ich.

Herr, flöße mir deine Kraft ein und leite mich zu positiven, guten Werken und Gedanken. Wenn ich in die Versuchung komme, mich in meine Liste von „Wenn doch nur" zu flüchten, lenke meine Gedanken auf dein Wort und deine Verheißungen. Dort werde ich eine Perspektive der Hoffnung und der Möglichkeiten zurückgewinnen. Du bist der Gott des Möglichen. Ich möchte alle Tage meines Lebens mit deiner Perspektive leben. Amen.

Aktiv werden

Zeichnen Sie auf ein Blatt Papier eine senkrechte Mittelinie. Zählen Sie jetzt in der einen Spalte Ihre „Wenn doch nur" auf und verwandeln Sie sie in der anderen Spalte in ein „Ich kann". Beobachten Sie dann, wie ermutigt und beflügelt Sie sich fühlen, wenn Sie die Dinge aus der Perspektive „Ich kann" betrachten.

Ihre Gedanken

Wie gedeiht Ihr Garten?

Ich bin der Weinstock; ihr seid die Reben.
Wer in mir bleibt, und ich in ihm, wird viel Frucht bringen.
Denn getrennt von mir könnt ihr nichts tun.
(JOHANNES 15,5)

Es ist ein bekanntes biblisches Prinzip: Was wir säen, das ernten wir. Die Ernte kommt immer erst nach dem Pflanzen. Unter sonst gleichen Bedingungen können wir davon ausgehen, bei gutem Wetter und ausreichendem Regen eine gute Ernte zu erzielen – wenn wir uns die Mühe gemacht haben, zuerst den Boden zu pflügen und eine gesunde Saat zu säen. Das gilt auch für unser Leben. Wir ernten ein gutes Leben und erfüllen eine gute Absicht, wenn wir uns die Mühe gemacht haben, unseren geistlichen Boden zu bearbeiten und geistlichen Samen zu säen.

Ein Bereich, in dem wir das Ergebnis unserer Bemühungen deutlich sehen, ist die Gesundheit und Stärke unserer Freundschaften. Bis heute ernte ich die Früchte der Freundschaftssaat, die ich früher gesät habe. Ich erinnere mich an geschäftige Phasen meines Lebens, in denen ich keine Zeit für Freundinnen hatte – in denen schon ein Telefonanruf, eine E-Mail, ein Karte, ein gemeinsames Mittagessen oder auch nur ein persönliches Gebet ein echtes Zeitopfer für mich war und ich sehr darum ringen musste, mir Zeit für andere freizuschaufeln. Ich hielt mich für zu beschäftigt, um solche Samenkörner der Freundschaft zu säen.

Ich bin so dankbar, dass ich aufgewacht bin und erkannt habe, was im Leben wirklich zählt. Meine Selbstsucht hatte mich fast um die zukünftige Ernte gebracht. Jetzt, wo ich älter werde, bin ich so froh, dass ich meine Prioritäten geändert und mir die Mühe gemacht habe, Samenkörner der Freundschaft zu säen. Nun genieße ich das Vorrecht einer reichen Ernte. Es ist ein großer Segen, alle meine Familienmitglieder, Freunde und Angehörigen in dieser Zeit meines Lebens um mich zu haben. Durch ihre Zeichen der Liebe und Güte haben Sie mir Christus gezeigt.

Lassen Sie sich ermutigen, heute Ihre eigenen Samenkörner der Freundschaft zu säen. Zeigen Sie heute jemandem Ihre Liebe und Güte – durch einen Telefonanruf, eine Karte, eine E-Mail oder einen persönlichen Besuch.

> Gott, du hast mir das Geschenk fruchtbarer Freundschaften gezeigt. Du hast mir auch gezeigt, welche Beziehungen ich fallen ließ, indem ich sie nicht pflegte. Gib mir ein Herz für die Menschen, die du in mein Leben bringst. Gib mir die Einsicht, zu wissen, wie ich diese Kontakte nähren und pflegen kann, damit ich in meinen Beziehungen eine reiche Ernte habe, die dir Freude macht. Amen.

Aktiv werden

Pflanzen Sie in dieser Woche ein Samenkorn der Freundschaft in der Beziehung zu einem anderen Menschen. Bewässern Sie ein bereits gepflanztes Samenkorn der Freundschaft, indem Sie den Kontakt zu einer Freundin oder Nachbarin auffrischen, die Teil Ihres Lebens ist. Lassen Sie Ihr Bemühen und Ihre Freundlichkeit zu einem Licht werden, das die nötige Wärme in die Beziehung bringt.

Ihre Gedanken

Leitlinien für ein Gott wohlgefälliges Leben.

Denn aus Gnade seid ihr gerettet durch Glauben,
und das nicht aus euch: Gottes Gabe ist es, nicht aus Werken,
damit sich nicht jemand rühme.
(EPHESER 2,8; LU)

Ich habe mich oft gefragt, was Gott mir antworten würde, wenn ich ihm diese Frage stellen würde: „Gott, was sollte ich nach deinem guten Willen tun, um alles zu empfangen, was du für mein Leben beabsichtigt hast?" Wenn ich die Bibel lese, erkenne ich, dass er mir die Antwort auf diese Frage gibt.

Stellen Sie sich vor, dass Sie Gottes Stimme hören können, die zu Ihnen spricht. Hier sind einige Dinge, die er – wie ich glaube – zu uns sagt …, wenn wir nur bereit sind zu hören:

- *Vertraue mir – Glaube, dass ich mich um dich kümmern werde. Nimm nicht immer wieder zurück, was du mir schon gegeben hast. Ich bin fähig, alle deine Probleme zu lösen.*
- *Sprich zu mir – als liebender Vater möchte ich von dir hören. Ich möchte in schlechten wie in guten Zeiten mit dir reden. Du hast eine Stimme wie kein anderes meiner Kinder; lass mich sie hören.*
- *Sei geduldig – es gehört nicht zu meinem Plan für dich, dass du ständig in Eile bist. Du hast viele Täler zu durchwandern und manchen Gipfel zu erklimmen. Vertraue meinem Timing. Meine Uhr tickt anders als deine.*
- *Liebe dich selbst – du bist in meinem Ebenbild erschaffen. Ich habe dich so geliebt, dass ich meinen Sohn Jesus hingegeben habe, um für deine Sünden zu bezahlen. Wenn ich dich so geliebt habe, kannst du dich sicher auch selbst lieben. Wenn du morgens in den Spiegel schaust, sage: „Gott, danke, dass du mich als die Person geschaffen hast, die ich bin."*
- *Hör auf, dir Sorgen zu machen – Sorgen veranlassen dich, deine Energie mit Grübeleien über Dinge zu vergeuden, die*

ich für dich lösen werde. Stärke dein Vertrauen zu mir, indem du mir täglich deine Sorgen gibst.

- **Setze es auf meine To-do-Liste** *– du denkst, dass deine Probleme oder Aufgaben zu gering sind, um sie mir zu geben, aber das ist nicht wahr. Ich warte darauf, dass du mir deine Anliegen mitteilst.*
- **Habe Glauben** *– glaube das, was ich dir in der Bibel gesagt habe. Auch wenn du mich nicht sehen kannst, bin ich ganz nah bei dir.*

Herr, du nennst mich dein Kind. Ich gehöre dir, und ich bin dankbar für deine Liebe. Hilf mir, mich als die Frau anzunehmen, die ich in dir bin und die ich durch deine Führung werden kann. Im Glauben gebe ich mein Handeln, meine Tage und meine Träume dir. Und im Glauben nehme ich alles an, was du mir, deiner Tochter, sagst. Amen.

Aktiv werden

Schreiben Sie in ein Tagebuch oder unten in der Rubrik „Ihre Gedanken" einige Fragen auf, die Sie an Gott haben. Nehmen Sie sich in dieser Woche Zeit, in der Bibel nach seinen Antworten zu suchen. Schreiben Sie sich diejenigen Bibelverse auf, die Sie im Herzen ansprechen und die auf Ihre Fragen antworten. Vielleicht möchten Sie sich an die hier zitierte Weisheit von Corrie ten Boom halten: „Abends nehme ich alle meine Probleme und lege sie am Fuß des Kreuzes ab."

Ihre Gedanken

Konfliktlösung

Ordnet euch aus Achtung vor dem Herrn bereitwillig einander unter.
(Epheser 5,21)

Nach einem heftigen Regen fließt ein kleines Rinnsal in einen größeren Bach, der in einen breiteren Fluss mündet und einige Kilometer weiter stromabwärts in einen noch größeren Strom oder sogar in den Ozean fließt. Was ganz klein und unscheinbar begann, wird groß und mächtig. Dieser Intensitätsverlauf kann auch bei einem Streit auftreten. Was als kleine Verärgerung begann, wird am Ende zu einem ausgewachsenen Konflikt.

Wenn wir uns die nötige Zeit nehmen, in unserem Glauben reifer zu werden und unsere Verbindung mit Gott zu vertiefen, haben wir bessere Voraussetzungen, um zu unterscheiden, wann eine geringe Frustration Gefahr läuft, zu einem Sturm der Unzufriedenheit oder des Zorns anzuschwellen. Hier sind sechs biblische Prinzipien der Konfliktlösung, die Ihnen und mir helfen können, sensibler mit unseren Worten und Taten umzugehen.

1. Psalm 141,3 (LU) – „Herr, behüte meinen Mund und bewahre meine Lippen!" Sie müssen nie „Es tut mir leid" sagen, wenn Sie keine verletzenden Worte sagen.
2. Römer 12,16a (LU) – „Seid eines Sinnes untereinander." Es ist so wichtig, darin geübt zu sein, miteinander zu reden. Man muss nicht derselben Meinung sein, aber man kann sich über Werte einigen, die für eine Beziehung gelten sollen. Man kann sich sogar einig sein, nicht einer Meinung zu sein.
3. Römer 12,16b – „Versucht nicht, euch wichtig zu machen, sondern wendet euch denen zu, die weniger angesehen sind. Und bildet euch nicht ein, alles zu wissen!" Paulus fordert uns auf, in Konflikten demütig zu sein.
4. Römer 12,17 – „Vergeltet anderen Menschen nicht Böses mit Bösem, sondern bemüht euch allen gegenüber um das

Gute." Haben Sie Verständnis für den Anderen und antworten Sie nie aus Zorn heraus.

5. Römer 12,18 – „Tragt euren Teil dazu bei, mit anderen in Frieden zu leben, soweit es möglich ist!" Seien Sie als Friedensstifterin bekannt und als eine Frau, die zuhören kann.

6. Römer 12,19 – „Rächt euch niemals selbst, sondern überlasst die Rache dem Zorn Gottes. Denn es steht geschrieben: ‚Ich allein will Rache nehmen; ich will das Unrecht vergelten', spricht der Herr." Gott hat das letzte Wort. Es ist nicht Ihre Aufgabe, Gott zu spielen.

Denken Sie daran, dass ein Konflikt nicht in einem einzigen Treffen oder an einem einzigen Abend gelöst werden muss. Haben Sie Geduld mit anderen und mit sich selbst, während Sie in die Rolle einer Friedensstifterin hineinwachsen.

Vater Gott, du weißt, dass ich mit bestimmten Personen und Situationen meine Schwierigkeiten habe. Gib mir die Stärke, mitfühlend und mit viel Geduld zu reagieren. Ich möchte andere besser verstehen und ich möchte ein Beispiel deiner Liebe und nicht etwa ein Hindernis für deine Liebe sein. Amen.

Aktiv werden

Wo gibt es im Moment gerade einen Konflikt in Ihrem Leben? Beten Sie über diese Situation. Überlegen Sie, wie Sie mit dem Herzen einer Friedensstifterin auf diese Person zugehen oder mit der Spannung umgehen können. Wie wird das aussehen und sich anfühlen?

Ihre Gedanken

Zwei kaufen, eins bezahlen

*Seid stattdessen freundlich und mitfühlend zueinander
und vergebt euch gegenseitig, wie auch Gott euch durch
Christus vergeben hat.*
(EPHESER 4,32)

Bob und ich achten immer auf Sonderangebote und nutzen gern
alle möglichen Rabatte. Unsere Kinder wundern sich tatsächlich
über uns. Wir zahlen nicht gern den vollen Preis für eine Ware.
Besonders schätzen wir Aktionen, bei denen es heißt: „Zwei kaufen, eins bezahlen". Das ist eine Ersparnis von 50 Prozent, also
ein ziemlich gutes Angebot. Aber unser Lieblingsetikett lautet:
„Kostenlos". Nun, um Ihren und meinen Tag aufzuhellen, zähle
ich hier acht Geschenke auf, die wir völlig kostenlos geben (oder
erhalten) können.

1. *Das Geschenk des Zuhörens.* Sie müssen wirklich mit Augen
   und Ohren zuhören. Ohne Unterbrechung, ohne gedankliches Abschweifen, ohne Griff nach dem Handy und ohne
   Blick auf den Fernseher. Einfach zuhören.
2. *Das Geschenk der Zuneigung.* Seien Sie bei Familienmitgliedern großzügig mit Umarmungen, freundlichen Worten
   oder einem Schulterklopfen. Zeigen Sie durch kleine Gesten, dass Sie sie lieben.
3. *Das Geschenk des Lachens.* Tauschen Sie lustige Artikel oder
   Geschichten aus. Rufen Sie eine Freundin an und erzählen
   Sie ihr etwas Humorvolles, das Sie erlebt haben. Ihr Geschenk drückt aus: „Ich lache gern mit dir."
4. *Das Geschenk einer persönlichen Karte.* Ein handschriftliches
   Kärtchen mit einem einfachen „Ich habe an dich gedacht"
   oder einem anderen Ausdruck der Zuwendung wird der
   Empfänger gewiss schätzen.

5. *Das Geschenk eines Kompliments.* Eine einfache und ehrliche Bemerkung kann anderen den Tag verschönern. „Dieses Hemd steht dir aber gut", „Deine neue Frisur gefällt mir" oder „Was für ein tolles Ergebnis".
6. *Das Geschenk eines Gefallens.* Nehmen Sie sich täglich vor, jemandem einen besonderen Gefallen zu tun. Es gibt nicht nur dem Beschenkten ein gutes Gefühl, sondern auch Ihnen selbst.
7. *Das Geschenk des Alleinseins.* Wir leben in einer Welt voller Lärm und unsere Seele braucht Ruhe. Nehmen Sie einfühlsam wahr, wann Sie anderen das Geschenk machen können, sie einmal eine Zeit allein zu lassen und ihnen Ruhe zu gönnen.
8. *Das Geschenk eines heiteren Gemüts.* Die einfachste Art, ein großartiges, kostenloses Geschenk zu machen, ist ein freundliches Wort. Es ist wirklich nicht schwer, „Hallo" und „Danke schön" zu sagen.

Herr, du bist der Geber aller Gaben! Hilf mir, auf einfache Art und Weise Freundlichkeit und Liebe weiterzugeben, um anderen zu zeigen, dass ich an sie denke. Ermutige mich, es ihnen auch zu sagen, wenn ich für sie bete. Ich möchte in allem, was ich tue und bin, anderen Menschen deine weitherzige Liebe und reiche Gnade zeigen. Amen.

Aktiv werden

Wählen Sie an den nächsten acht Tagen jeweils eines dieser Geschenke, das Sie anderen machen wollen. Und fangen Sie dann wieder von vorne an! Sie werden erfahren, welche Freude es macht, auf gute und Gott wohlgefällige Weise von Herzen zu geben und anderen Menschen Zeit zu widmen.

Ihre Gedanken

Wie schafft man ein Zuhause?

Wenn der Herr nicht das Haus baut,
ist die Arbeit der Bauleute vergeblich.
Wenn der Herr die Stadt nicht beschützt, ist es vergeblich,
sie mit Wachen zu umgeben.
(PSALM 127,1)

Als Eltern zweifelt man leicht, ob man wirklich ein gutes Zuhause geschaffen hat oder eher einen Aufenthaltsort, um zu essen, Wäsche zu waschen, herumzuhängen und zu schlafen. Ist es eine vorübergehende Unterkunft für Ihre Familie und einige Freunde, oder haben Sie den Eindruck, dass Ihr Zuhause ein Ort ist, an dem alle sich wirklich wohlfühlen und jeder Familienangehörige oder Gast herzlich willkommen ist und gastfreundlich angenommen wird? Fühlen Sie selbst sich dort zuhause?

Ein wirkliches Zuhause ist ein Ort, an dem Menschen miteinander leben, wachsen, lachen, weinen, lernen und Erinnerungen schaffen. Ein kleines Kind soll einmal gesagt haben, nachdem das Haus seiner Familie abgebrannt war: „Wir haben immer noch ein Zuhause. Uns fehlt nur das Gebäude dafür." Was für eine tiefsinnige Bemerkung!

Unser Heim sollte ein heilsamer Ort der Begegnung für die ganze Familie sein und für jeden Menschen, der vorbeischaut. Wir müssen nicht perfekt sein – nur einladend. Wir können hinzulernen, wir können Fehler machen, wir können lachen, wir können weinen, wir können uns einig sein, wir können anderer Meinung sein – alles unter ein und demselben Dach!

Ein Zuhause sollte ein Ort sein, an dem glückliche und traurige Erfahrungen stattfinden, weil es ein sicherer Hafen ist, wo man sich in jeder Lebenssituation getragen weiß. Wenn wir einen Zufluchtsort vor den Problemen der Welt schaffen, der ein Ort der Liebe, Annahme und Sicherheit ist, schaffen wir ein Zuhause, in dem Gottes Werk sich entfalten kann. Salomo äußerte sich in Sprüche 24,3-4 zu diesem Thema. „Ein Haus wird durch Weisheit erbaut und durch Verstand befestigt. Durch Einsicht werden seine Zimmer mit den unterschiedlichsten Reichtümern und Kostbarkeiten gefüllt."

Die drei wichtigsten Baumaterialien, um ein echtes, Gott wohlgefälliges Zuhause zu schaffen, sind Weisheit, Verstand und Einsicht. Es wird Sie nicht überraschen, dass man diese Materialien in der Bibel findet. Indem Sie und ich gemeinsam in diesem Buch jeden Tag ein Stück des Weges zurückgelegt haben, bauen wir unsere Beziehung zu Gott auf *und* sammeln die geistlichen Bausteine, die wir brauchen, um für uns selbst und andere Menschen ein echtes, gottgefälliges Zuhause zu schaffen.

Gott, du bist meine Zuflucht und mein geistliches Zuhause. Während ich täglich dein Wort lese, um mich daran zu orientieren, möchte ich nach Weisheit, Verständnis und Einsicht suchen, um für die Menschen in meinem Leben ein echtes Zuhause zu schaffen. Wo immer ich auch lebe, bist du bei mir. Mein Haus soll immer auf deinem Fundament aufgebaut werden, und es soll in deinem Namen immer eine offene Tür für andere haben. Amen.

Aktiv werden

Schauen Sie sich in Ihrer Wohnung um und nehmen Sie wahr, was Sie alles tun oder tun können, damit Ihre Familie und Besucher sich willkommen fühlen. Wenn Sie die Räume so gestalten, dass Sie selbst sich darin wohlfühlen, werden sie auch für andere einladend sein. Machen Sie es zu einem Zuhause, das den Herrn ehrt.

Ihre Gedanken

Für eine Freundin beten

Ich habe nicht aufgehört, Gott für euch zu danken.
Ich bete ständig für euch.
(EPHESER 1,16)

Eine Möglichkeit, andere als Freundin zu unterstützen, besteht darin, für sie beten, wenn sie eine schwierige Zeit in ihrem Leben durchmachen. Der Apostel Paulus schrieb Gebete auf, um andere Christen zu ermutigen.

- *„Ich bete darum, dass eure Liebe zueinander noch tiefer wird und dass sie an Erkenntnis und Einsicht zunimmt. Denn ihr sollt imstande sein zu erkennen, worauf es ankommt, damit ihr rein und vorbildlich vor Christus steht, wenn er wiederkommt, erfüllt mit dem Guten, das der Glaube in euch wirkt, denn auf diese Weise wird Gott geehrt." (Philipper 1,9-11)*
- *„Deshalb hörten wir nicht auf, für euch zu beten, seit wir zuerst von euch erfahren haben. Wir bitten Gott, euch Einsicht für das zu schenken, was er in eurem Leben bewirken will, und euch mit Weisheit und Erkenntnis zu erfüllen." (Kolosser 1,9)*
- *„Wir hören nicht auf, für euch zu beten, dass unser Gott euch für das Leben bereit macht, zu dem er euch berufen hat. Und wir beten, dass Gott eure guten Absichten und das, was ihr aus dem Glauben heraus tut, mit seiner Kraft erfüllt." (2. Thessalonicher 1,11)*

Für andere zu beten ist ein Privileg und eine große Verantwortung. Ich habe ein Notizbuch mit Spiralbindung, in das ich den Namen der Person schreibe und dazu das Gebetsanliegen notiere. Wenn der Herr die Bitte erhört hat, setze ich ein Häkchen neben das Anliegen. Einige Namen stehen nur für eine gewisse Zeit auf der Gebetsliste. Bei chronischen Problemen bleiben sie auf Dauer stehen.

Eine gelegentliche Karte oder ein Telefonat ist eine Ermutigung für Ihre Freunde. Als ein Freund von uns starb, erzählte seine Tochter uns, dass ihr Vater die Karten aufbewahrt hatte, die wir ihm im Lauf der Jahre zur Ermutigung geschickt hatten. Unterschätzen Sie nie, wie wichtig es ist, der Inspiration und Freundlichkeit Ihres Herzens zu folgen und sie an andere weiterzugeben.

> Leite mich, Herr. Richte meine Gedanken auf die Menschen in meinem Leben, die ein aufmunterndes Wort oder eine ermutigende Karte brauchen. Gib mir ein einfühlsames Herz für die Nöte anderer, damit ich rasch für ihre Anliegen beten kann und an sie denke, wenn ich eine Gelegenheit habe, sie in irgendeiner Weise geistlich zu ermutigen. Ich möchte ein Herz für deine Kinder haben und aus Liebe handeln. Es ist ein Privileg, für andere eine Freundin zu sein. Amen.

Aktiv werden

Denken Sie über das folgende Zitat von Sir H. Davy nach und planen Sie dann für diese Woche einige einfache Gesten der Freundlichkeit ein, mit denen Sie andere ermutigen können. „Was das Leben ausmacht, sind nicht große Opfer oder Pflichten, sondern kleine Dinge, in denen ein Lächeln und Freundlichkeiten und kleine Zuwendungen, aus Gewohnheit gegeben, das Herz gewinnen und bewahren und Zuspruch bieten."

Ihre Gedanken

Warum zum Gottesdienst gehen?

Spornt euch gegenseitig zu Liebe und zu guten Taten an.
(HEBRÄER 10,24)

Warum sollte ich zum Gottesdienst gehen? Viele Nichtchristen stellen diese Frage, und ich denke, dass auch viele Christen sie stellen. Sie fangen an zu überlegen, ob ein Gottesdienstbesuch Zeitverschwendung wäre oder jedenfalls ein Termin auf ihrer Liste ist, den man leicht fallen lassen könnte, um Platz für andere Aktivitäten und Aufgaben zu schaffen. Schließlich füllen sich unsere Wochenenden sehr schnell mit Fußballspielen, einem Brunch mit Freunden, Haushaltspflichten oder Gartenarbeiten und Aufgaben, die wir an den Arbeitstagen nicht geschafft haben.

Das ist alles richtig. Und ich gebe zu, dass es hart sein kann, bei der Entscheidung zu bleiben, immer den Gottesdienst zu besuchen; aber es lohnt sich, in diesem Bereich Ihrer geistlichen Disziplin und der geistlichen Entwicklung Ihrer Familie treu zu sein. Denn wo sonst wollen Sie herausgefordert und aufgebaut werden, wenn nicht in der Gemeinde?

Doch der wahre Grund für unsere Treue zur Gemeinde ist nicht das, was wir von ihr bekommen, sondern warum wir überhaupt dort sind. Ihr Sonntagsgottesdienst ist dazu da, Gott etwas von dem zurückzugeben, was er für Sie getan hat. Wir können seinen Namen erheben und ihn mit unserer Stimme in Lobliedern preisen. Wir bringen unsere Liebe und Anbetung zum Ausdruck für all das, was er in unserem Leben getan und uns gegeben hat. Das ist die Kraft der Gemeinde.

Bob und ich haben festgestellt, dass die Gemeinde ein hervorragender Unterstützerkreis ist, der uns hilft, ein besseres Leben zu führen. Während meiner Krebserkrankung kam unsere stärkste Gebetsunterstützung aus unserer Gemeindefamilie. Gemeindemitglieder versorgten uns mit Mahlzeiten, saßen während der Bestrahlungen an meiner Seite, halfen uns im Büro, übernahmen Erledigungen und beantworteten Anrufe für uns.

In der Zugehörigkeit zu einer Gemeinde geht es zuerst um Christus und dann um den Leib Christi. Unsere Beziehung zu unserem Herrn und zu seinem Volk ist dazu bestimmt, uns zu stärken und uns Mut zu machen. Die Zeit der Gemeinschaft und Anbetung Gottes erinnert uns auch daran, dass wir in diesem Leben und auf unserem Glaubensweg nicht allein sind. Gemeinsam können wir überwinden und erstaunliche Dinge für das Reich Gottes erreichen. Wir brauchen die Gemeinde, um treuere Christen zu werden und mehr im Glauben zu leben.

Gott, ich brauche dich, und ich brauche dein Volk. Hilf mir, an meiner Entscheidung festzuhalten, regelmäßig zum Gottesdienst zu gehen und mich aktiv im Leib Christi einzubringen. Leite mein Herz, damit es mir im Gottesdienst wirklich darum geht, dich anzubeten. Danke für das Geschenk der Gemeinschaft und die Heiligkeit jedes Tages, den ich mit dir, Gott, leben darf. Amen.

Aktiv werden

Denken Sie im Licht der heutigen Andacht über Ihre Einstellung zur Gemeinde und Ihre Auffassung über das, was die Gemeinde ausmacht, nach. Kommen Sie mit einem dankbaren und anbetenden Herzen in den Gottesdienst? Oder ist Ihr Herz bedrückt, weil Sie an diesem Tag nur an Ihre Bedürfnisse und Anliegen denken? Beten Sie den Herrn am kommenden Sonntag von ganzem Herzen an, und schauen Sie, wie sich dadurch alles verändert!

Ihre Gedanken

Eine Nacht voll Weinen

Ach Herr, züchtige mich nicht in deinem Zorn,
strafe mich nicht in deiner Wut!
(PSALM 6,2)

In diesem Psalm fragt David Gott, wie lange sein Leid noch dauern wird. Er fleht: „Hab Erbarmen mit mir, Herr, denn ich bin schwach. Heile mich, Herr, denn mein Körper leidet Qualen." Ich weiß etwas von den Gefühlen hinter Davids flehentlicher Bitte an Gott, denn ich habe genauso gebetet, als mein Arzt mir mitteilte, dass ich Krebs hatte. Damals ahnte ich noch nicht, wie krank ich tatsächlich werden würde, und wie lang der Weg war, den Bob und ich bewältigen mussten.

Es gab Tage, an denen wir nicht wussten, ob mein Körper einen weiteren Tag überstehen würde. Und die Ärzte und Krankenschwestern wussten es auch nicht. In diesen Zeiten der Ungewissheit beriefen wir uns auf Psalm 30,5: „Die Nacht ist noch voll Weinen, doch mit dem Morgen kommt die Freude." Es schien sehr viele Tage, Wochen und Monate zu geben, in denen wir nächtelang weinten.

Heute wären wir ganz andere Menschen, wenn wir diese Periode in unserem Leben nicht durchgemacht hätten. Bob und ich bestürmten Gott mehrmals am Tag mit der Bitte, mich aus diesem Gefängnis der Krankheit zu befreien. Manchmal sah es nicht danach aus, dass er unser Flehen überhaupt hörte. Oft waren wir entmutigt, aber wir klammerten uns an das Vertrauen auf den Charakter Gottes und an alle seine Verheißungen.

Nach mehreren Jahren konnten wir sehen, dass Gott das Ruder herumriss und unser Schiff von der Krankheit in Richtung Genesung steuerte. Es ist viel Zeit vergangen, seit der Krebs in unser Leben einbrach, aber wir konnten vor Freude jubeln über das, was Gott, die medizinischen Berufe und die Medizin für mich getan haben. Ich liege heute nicht mehr hilflos im Bett oder auf der Couch, sondern erlebe ein beträchtliches Maß an körperlicher Gesundheit. In den dunklen Tagen der Vergangenheit hätten wir uns die Lebensqualität, die ich heute habe, nie vorstellen können.

Gott handelt in einer Weise, die unser Begriffsvermögen übersteigt, und dafür können wir so dankbar sein. Gott ist gut – und zwar in jeder Situation. Seien Sie gewiss, dass Gott Ihre Gebete und Ihr Flehen gehört hat.

Herr, ich bringe dir heute meine körperlichen und emotionalen Wunden. Ich bitte um deine Heilung und Gnade. Ich vertraue dir mit meinem ganzen Leben. Auch wenn ich in der Finsternis der Ungewissheit stehe, sehe ich doch dein Licht und glaube daran. Deine Gegenwart rettet mich aus der Enttäuschung und meine Hoffnung auf dich trägt mich durch diesen Tag. Amen.

Aktiv werden

Wenn Sie gerade eine Zeit der Dunkelheit oder des Zweifels durchmachen, gehen Sie oft zu Gott. Er wird nie müde, Ihre Bitte um seine Führung und sein Licht zu hören. Bringen Sie ihm jetzt Ihre Not, liebe Freundin.

Ihre Gedanken

In Gottes Augen Gunst finden

Noah aber fand Gnade vor dem Herrn …
Noah führte alles genauso aus,
wie Gott es ihm befohlen hatte.
(1. Mose 6,8+22)

Jeden Tag lesen wir in Zeitungsartikeln, E-Mails oder Postings Geschichten von Menschen, die von der Welt geehrt werden. Und das geht endlos so weiter. Menschen finden Gunst bei anderen oder suchen danach, ihnen zu gefallen. Wenn wir sehen, wie viel Bewunderung, Applaus oder „Likes" auf Facebook sie ernten, können wir fast ein wenig neidisch werden. Wer wünschte sich nicht gelegentlich ein wenig Bestätigung?

Aber haben Sie je darüber nachgedacht, wie viel bedeutsamer es ist, bei Gott Gunst zu finden? Das ist ein Aspekt des Segens, den wir durch unseren Glauben erfahren. Wir brauchen nicht die Anerkennung der Welt, um uns in unserer Haut wohlzufühlen. Wir haben den Schöpfer der Welt, der uns liebt! Die Vorstellung, dass Gott Gefallen an mir findet, erfüllt mich mit Ehrfurcht, aber das tut er wirklich. Nur durch seine herrliche Gnade können wir ihm von Angesicht zu Angesicht nahekommen.

In der Geschichte von Noah sehen wir, dass auch er in einer Zeit lebte, in der die Welt voll Sünde war. Ich vermute, dass die Intensität der gesellschaftlichen Ansprüche und Versuchungen sich im Lauf der Jahrhunderte nicht wesentlich geändert hat. Doch obwohl Noah von so viel Gottlosigkeit umgeben war, trachtete er nach einem gottesfürchtigen Leben. Mitten in dieser bösen Zeit war sein Leben Gott wohlgefällig.

Noah fand Gottes Gunst nicht, weil er ein gutes Leben führte, sondern weil er persönlich an Gott glaubte. Auch wir werden nach demselben Maßstab beurteilt – nach unserem persönlichen Glauben an Gott und dem Gehorsam gegenüber seinem Wort. Ich bete täglich darum, dass meine Familie und ich uns der Güte würdig erweisen, mit der Gott uns so reich beschenkt.

Noah lebte zwar rechtschaffen und ohne Tadel vor Gott, aber er war nicht perfekt. Gott sah, dass Noahs Leben Ausdruck eines aufrichtigen, wenn auch nicht immer perfekten Glaubens war. Wenn wir zu Gott kommen und zugeben, dass wir seine Maßstäbe nicht erfüllt haben und Sünder sind, ist das Gott wohlgefällig. Und dann finden wir die Gnade Gottes, die völlig genügt.

So wie Noah sind auch wir manchmal von Problemen umgeben, die uns eher von Gott abbringen, als uns zu ihm zu treiben, doch unser Herz wird uns in Gottes Gegenwart führen. In seiner Gnade finden wir alle Gunst, die wir je brauchen.

Herr, ich bete um ein Herz und ein Leben, die dir gefallen. Deine Gunst gibt mir meinen Wert. Ich brauche nicht den Applaus der Welt, um zu wissen, dass ich eine würdige Tochter des Königs bin. Deine Gnade macht mich würdig. Deine Liebe macht mich heil. Nichts mangelt mir. Amen.

Aktiv werden

Wenn Sie sich das nächste Mal minderwertig fühlen, weil Sie von anderen Menschen nicht beachtet oder anerkannt wurden, machen Sie sich bewusst, was Ihren wahren Wert ausmacht.

Ihre Gedanken

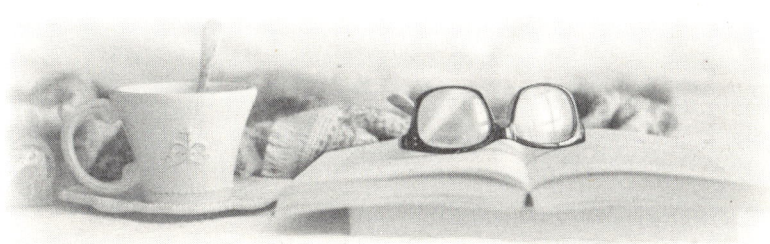

Sein Name ist wunderbar

Denn uns wurde ein Kind geboren, uns wurde ein Sohn geschenkt.
Auf seinen Schultern ruht die Herrschaft.
Er heißt: wunderbarer Ratgeber, starker Gott,
ewiger Vater, Friedensfürst.
(JESAJA 9,5)

In diesem Vers von Jesaja finden wir sechs verschiedene Eigenschaften, die den Charakter Jesu, des Sohnes Gottes, beschreiben. Es liegt etwas so Mächtiges und Liebevolles in den Namen Gottes, dass ich nicht anders kann, als ihn zu preisen.

Unsere Gedanken können sich heute auf das Positive konzentrieren, selbst wenn wir mit Schwierigkeiten konfrontiert sind, weil wir auf die Güte und das Wunder des Herrn schauen können. Wir können uns auf die Beziehung zu unserem wunderbaren Ratgeber, starken Gott, ewigen Vater und Friedefürst berufen.

Er ist der allmächtige Gott, der das Rote Meer teilte, der Lazarus aus den Toten auferweckte, der die Hungrigen speiste, der die Lahmen heilte und der den Sündern vergab – sogar denen, die ihn verrieten.

Es gibt nichts, was er nicht tun kann.

Gott wohnt heute in unseren Herzen. Seine Macht ist ein Wunder in unserem Leben. Und wir dürfen seinen Frieden erfahren. Gott hat nicht versprochen, dass uns tiefe Täler im Leben erspart bleiben, aber er gab uns Frieden, mit ihm hindurchzugehen. Ganz gewiss wird das Leben Sorgen, gebrochene Herzen, gesundheitliche Probleme, finanzielle Schwierigkeiten und manche anderen Herausforderungen mit sich bringen, die unsere Überzeugungen ins Wanken bringen. Aber Gott lässt uns nicht mitten in den Problemen stehen. Er öffnet einen Weg für uns, und wir können ihm durch jede Situation hindurch folgen.

Nehmen Sie die Probleme und Sorgen, die Sie heute haben, und legen Sie sie am Fuß des Kreuzes nieder. Geben Sie sie ganz an Jesus ab. Und wenn Sie dann weitergehen, nehmen Sie sie nicht wieder zurück. Wie oft schon haben Sie dem Herrn ein Problem übergeben, um dann am nächsten Tag zu versuchen, es aus eigener Kraft zu lösen? Wir wollen unser Leben und unsere Anliegen wirklich an Gott abgeben. So werden wir das Leben und den Frieden Jesu in Fülle erfahren.

Dieser Name hat etwas ganz Besonderes an sich – Jesus.

> Wunderbarer Ratgeber, du bist mein Hirte und mein Gott. Wenn meine Schritte wanken, bist du da und hilfst mir auf, sodass ich deinen Weg weitergehen kann. Du kennst mein Herz und meine Schwächen, und du liebst mich trotzdem. Wenn ich nicht über meine Probleme hinausblicken kann, lenke meine Augen auf dein Angesicht. Wenn ich nur noch von meinen Nöten sprechen kann, öffne meine Lippen, dich in jedem deiner Namen zu preisen. Amen.

Aktiv werden

Beten Sie mit den Namen aus dem heutigen Bibelvers zu Gott: wunderbarer Ratgeber, starker Gott, ewiger Vater, Friedensfürst. Erfassen Sie jeden Aspekt des Charakters Gottes mit großer Freude. Und wenn Sie dann in den Tag gehen, überlegen Sie, wie Sie sich ganz neu auf Gottes treuen Charakter stützen können.

Ihre Gedanken

Gott ist mit Ihnen

Ich habe dich bei deinem Namen gerufen, du bist mein. Wenn du durchs Wasser gehst, ich bin bei dir, und durch Ströme, sie werden dich nicht überfluten. Wenn du durchs Feuer gehst, wirst du nicht versengt werden, und die Flamme wird dich nicht verbrennen. Denn ich bin der Herr, dein Gott.
(JESAJA 43,1-3; ELB)

Beachten Sie in dem heutigen Bibeltext, dass Jesaja „wenn" sagt und nicht „falls", wenn er von den Strömen – den Schwierigkeiten in unserem Leben – spricht, die wir durchqueren müssen. Früher oder später werden wir alle in unserem Leben tiefe Probleme durchmachen. Wie werden Sie reagieren, wenn dieser Tag für Sie oder für ein Mitglied Ihrer Familie eintrifft? Wenn wir mit einer Fülle von Lebensjahren gesegnet sind, werden wir irgendwann

- *durch tiefe Wasser gehen,*
- *Ströme durchwaten,*
- *durch Feuer gehen.*

Jesaja erklärt:

- *Du wirst nicht untergehen.*
- *Du wirst nicht versengt werden.*
- *Die Flammen werden dich nicht verzehren.*

Er gibt uns die Verheißung:

- *Die Ströme werden mich nicht überfluten.*
- *Gott ruft mich bei meinem Namen und ich fürchte mich nicht.*

Ihre Einstellung bestimmt die Weite Ihres Lebens. Glaube und Hoffnung haben etwas an sich, das uns die Flauten und Tiefpunkte im Leben leichter ertragen lässt. Auch wenn wir diese Ereignisse auf der Erde vielleicht nicht physisch überleben werden, gibt unsere ewige Perspektive uns Frieden, während wir durch solche Täler gehen.

Der Apostel Paulus bat Gott dreimal im Gebet, den Dorn in seiner Seite zu heilen, aber Gott hielt es nicht für gut, ihn zu heilen. Gott antwortete ihm: „Meine Gnade ist alles, was du brauchst. Meine Kraft zeigt sich in deiner Schwäche." Daraufhin sagte Paulus sich: „Nun bin ich zufrieden mit meiner Schwäche, damit die Kraft von Christus durch mich wirken kann" (2. Korinther 12,9). Paulus erkannte, dass seine Schwachheit ihn in allen Dingen noch abhängiger von Gott machte.

Meine liebe Freundin, Ihre Reise, Zeit mit Gott zu verbringen, war ein Weg wachsender Abhängigkeit von Gott. Und das bringt viel Gutes mit sich: Glaube an seine Verheißungen, Vertrauen auf Ihren Heiland, Licht in dunklen Zeiten, Hilfe in Ihrer Not und Hoffnung für Ihre Zukunft.

> Vater Gott, du bist mein Licht. Du bist meine Hoffnung. Du bist mein Herr, heute und morgen. Amen.

Aktiv werden

Nehmen Sie sich heute Zeit, Gott für seine Gegenwart zu danken. Bleiben Sie bei Ihrer neuen Gewohnheit, an jedem Tag Ihres Lebens mit Gott zu reden, in seinem Wort zu forschen und seine Verheißungen anzunehmen.

Ihre Gedanken

Über die Autorin

Emilie Barnes ist eine erfahrene, angesehene Haushalts- und Familienorganisatorin, die sich ganz der Aufgabe gewidmet hat, ihre Familie und zahlreiche Frauen zu unterstützen und zu ermutigen. Zu ihren über 70 Buchveröffentlichungen gehören *If Teacups Could Talk, 15 Minutes Alone with God, 101 Ways to Clean Out the Clutter* und *More Hours in My Day.*

Mit ihrem Mann Bob Barnes gründete sie 1980 die *More Hours in My Day Ministries* und ist seit 30 Jahren als Referentin und Autorin tätig, um Familien und Frauen zudienen. Das Ehepaar ist seit 60 Jahren verheiratet und hat inzwischen zwei Kinder, fünf Enkel und drei Urenkel.

Bob Barnes

Allein mit Gott – 15 Minuten für Männer

Ein Buch für Männer, die wenig Zeit haben, aber nicht auf gute Impulse aus dem Wort Gottes heraus verzichten möchten. 68 kurze Texte, ausgehend von einem Bibelwort, führen in die Stille vor Gott. Geistliche Wahrheiten werden greifbar und ermutigen für den Alltag. Gut verständlich, inspirierend, leicht zu lesen. Mit praktischen Anwendungen und Möglichkeiten für weiteres Bibelstudium.

Bob Barnes versteht es, die Bibelworte ansprechend auszulegen. Weltweit 200.000 verkauft.

Paperback, 286 Seiten
Bestell-Nr.: 52 50448

Bei cap-books gibt es noch viele gute Andachtsbücher für Männer und Frauen.